Bartomeu Melià
&
Dominique Temple

La réciprocité négative

Les Tupinamba

Version française du chapitre *"El nombre que viene por la venganza"*,
dans *El don, la venganza y otras formas de economía guaraní,*
Asunción del Paraguay, 2004.

Collection *réciprocité*

N° 5

SOMMAIRE

1. L'âme de vengeance et les rites de mortification — p. 7

2. La puissance d'être ou "vertu vivifiante" — p. 25

3. Le surnaturel, réel Tupinamba — p. 33

4. L'unité de la communauté et la thèse de F. Fernándes — p. 51

5. La théorie de la réciprocité et la tradition Tupinamba — p. 65

Conclusion — p. 83

Bibliographie — p. 99

I

L'âme de vengeance
et les rites de mortification

En 1549, Hans Staden[1] observait, chez les Tupinamba qui l'avaient fait prisonnier :

> « La femme d'un des sauvages qui avait aidé à me capturer avait accouché d'un fils. Quelques jours après, elle réunit les voisins les plus proches et discuta avec eux du nom qui devait se donner à l'enfant pour qu'il soit courageux et redoutable. On lui proposa plusieurs noms mais qui ne la satisfaisaient pas. Elle décida alors de donner à son fils le nom de l'un de ses quatre aïeux et dit que les enfants qui portaient ces noms devenaient forts et habiles dans l'art de *faire des prisonniers* [2]. »

---

1 Hans Staden, *Warhafftige Historia und Beschreibung...* [1557]. Traduction en castillan, *Verdadera historia y descripción de un país de salvajes desnudos*, Argos Vergara, Biblioteca del Afil, Barcelona, 1983. Trad. fr. *Nus, féroces et anthropophages*, Métailié, Paris (1979), 2005.

2 Staden, (1983), *op. cit.*, chap. 17, p. 195 (c'est nous qui traduisons). Au XVIe siècle, lorsque les Européens abordèrent aux côtes de la "Terre des perroquets", octroyée par le pape à la couronne de Portugal, les groupes ethniques qui formaient la "nation" tupi-guarani occupaient une grande partie des côtes du Brésil et des Guyanes ainsi que les rives des grands fleuves du bassin du *Rio de la Plata* et de l'Amazone.

Ainsi l'enfant recevait à sa naissance le nom d'un de ses aïeux, sans doute victime d'un raid ennemi. Et le sens de son nom ne prête pas à confusion : il le reçoit pour être *habile à faire des prisonniers*. L'anthropologue brésilien Florestan Fernándes[3], résume ainsi leur *acte de naissance* :

> « En réalité, on pourrait dire que les Tupinambá naissaient sous le signe de la guerre et que l'intégration des nouveaux-nés à sa parenté et à sa tribu impliquait un engagement guerrier. Avant de devenir conscient de cette coutume, l'individu supportait déjà le poids d'un héritage de haines et de vœux de vengeance[4]. »

Être fils, frère ou du même sang, c'est donc partager une même identité, participer du même *être commun*. Dès lors, le nouveau-né assume la mort de son parent, et cette mort lui vaut une "âme de vengeance". Le nom de l'enfant renvoie à une conscience précise : une *conscience de meurtre*, c'est-à-dire la conscience d'un acte *antagoniste de la mort* du parent auquel l'enfant est identifié, mort qui est due également à un meurtre.

Le nom de l'enfant est *mort* et *meurtre*, l'une accomplie, l'autre en puissance. La naissance permet de rendre manifeste une *conjonction entre la mort et le meurtre*, la "mort" d'un ancien et le "meurtre" prescrit au futur guerrier.

Cependant, cette *mort* et cette *promesse de meurtre* ne sont pas situées sur un même plan. La *mort* est de l'ordre de ce que nous appellerons le "réel", et le *meurtre* de l'ordre de la conscience, de la représentation, ce que nous appellerons "l'imaginaire".

---

3 Florestan Fernándes, *A função social da guerra na sociedade tupinambá*, Biblioteca pioneira de ciências sociais, Editôra da Universidade de São Paulo, 1970.
4 *Ibid.*, p. 164.

Cette conscience, on peut aussi l'appeler une *âme* ; elle est efficiente, elle ne se dissocie pas de l'acte qu'elle signifie, elle engage l'être des Tupinamba dans l'exécution de ce qu'elle désigne. Lorsque l'enfant devient adulte, il est en effet appelé par son père pour qu'il sacrifie un prisonnier. Il devient meurtrier et perd alors son nom d'origine, pour aussitôt en acquérir un autre.

Tous les commentateurs ont parlé de cette substitution de nom en soulignant l'acquisition du nouveau nom mais en ne faisant jamais allusion à la disparition du premier, comme si elle allait de soi. Or si l'enfant tue, c'est bien parce qu'il a été nommé d'une "âme de vengeance", d'un nom qui l'engageait au meurtre. La disparition de ce premier nom est donc conjointe au fait que cette âme de vengeance "passe à l'acte". Une *conscience* dans l'imaginaire s'évanouit par sa métamorphose en acte dans le *réel*.

Les informateurs rapportent également que si le meurtrier ne se soumettait pas aussitôt au rite de "re-nomination", il avait le sentiment de mourir.

> « Comme on voit, différents auteurs mentionnent pour diverses raisons, qu'il pourrait jusqu'à perdre la vie si les cérémonies prescrites n'étaient pas observées fidèlement[5]. »

Privé de son nom, de son "âme de meurtre", le jeune meurtrier n'est donc pas pour autant privé de tout imaginaire, mais celui-ci est désormais habité par une *conscience de mourir*. Voici donc une autre conjonction "logique" inverse de la conjonction précédente puisqu'elle est cette fois-ci "meurtre réel/mort imaginaire", alors que la première était "mort réelle/meurtre imaginaire".

---

5 *Ibid.*, p. 308.

Ces observations rendent difficile l'interprétation de la réciprocité de vengeance comme un "échange d'âmes". Selon cette interprétation[6], le guerrier qui tue reprendrait à l'ennemi une *âme* capturée précédemment. Une *âme* serait le prix d'un meurtre. En échangeant des meurtres, on échangerait des *âmes*.

Des théoriciens de la vengeance soutiennent même que le guerrier acquiert un nouveau nom – une âme nouvelle – du fait de tuer. Tuer serait mériter un nouveau nom. On posséderait autant de noms que l'on aurait tué d'ennemis. Cependant, dans cette théorie, le premier nom de l'enfant, chez les Tupinamba, ne peut s'expliquer de façon immédiate puisque ce n'est pas un meurtre qui précède l'acquisition du nom mais au contraire la mort d'un parent.

Il suffit de remarquer que le guerrier perd son nom au moment du meurtre pour inverser l'interprétation traditionnelle. On acquiert une "âme" par sa propre mort, on la perd par la vengeance.

LES RITES DE MORTIFICATION

Tous les observateurs rapportent que l'acquisition d'un nouveau nom est soumise au préalable de rites, qui auraient pour but d'empêcher l'esprit de la victime de se venger :

---

6 Cf. Raymond Verdier et al., *La vengeance : Études d'ethnologie, d'histoire et de philosophie*, Cujas, Paris, 1981-1986. Lire à ce sujet de Dominique Temple, *La réciprocité de vengeance : Commentaire critique de quelques théories de la vengeance* (2003), Collection *réciprocité*, n° 7, 2017.

« Après le sacrifice de sa première victime, le jeune homme
devait observer un ensemble complexe de rites. Les uns
étaient destinés à protéger le sacrificateur et sa communauté
des représailles de l'esprit de la victime ; d'autres avaient
pour fin l'attribution d'un nouveau "nom" au sacrificateur
(rites de re-nomination). Ces rites accomplis, le jeune
homme était en condition de se marier, moyennant encore
les cérémonies du mariage »[7].

Les témoins ont été frappés de l'importance de ces rites.
Ils les ont souvent décrits avec minutie. Voici par exemple ce
que rapporte André Thevet[8], aumônier de Catherine de
Médicis et "Historiographe et Cosmographe du Roy", de ses
entretiens avec quelques "truchements"[9], au retour de son
voyage au Brésil :

« Or celui qui fait ledit massacre, aussitôt après, se retire en
sa maison et demeurera tout le jour sans manger ni boire en
son lit ; et s'abstiendra encore par certains jours, et il ne
mettra pied à terre aussi de trois jours. S'il veut aller quelque
part, il se fait porter, ayant cette folle opinion que s'il ne
faisait ainsi, il lui arriverait quelque désastre ou même la
mort. Puis après il fera avec une petite scie, faite des dents
d'une bête nommée agoutin, plusieurs incisions et fentes sur
son corps, sa poitrine et ses autres parties, tellement qu'il
apparaîtra tout déchiqueté[10]. »

Il précise, dans un autre texte cité par Florestan
Fernándes :

---

7 Fernándes, *op. cit.*, p. 201.
8 André Thevet, *Les singularités de la France antarctique. Le Brésil des
   cannibales au XVIe siècle* [1556], Maspero, Paris, 1983.
9 On appelait "truchements" des hommes d'équipage ou marins qui
   s'étaient réfugiés chez les Indiens après naufrage ou après s'être
   enfuis et qui servaient d'intermédiaires, de truchements entre
   Occidentaux et Indiens.
10 Thevet, cité par Fernándes, *op. cit.*, pp. 308-309.

« Si celui qui devait faire le sacrifice n'avait jamais tué auparavant, il était nécessaire qu'il fasse un jeûne plus strict que ceux qui avaient déjà tué. Et qu'il se taillade tout le corps avec une dent d'animal, qu'ils appellent "paguest" de façon telle que le sang jaillisse et qu'il perde connaissance. Ensuite il reste une lune entière (c'est-à-dire un mois), sans manger de la viande, ni du poisson, et il ne mange pas ou peu de farine et des racines et boit du cauim. Il est aussi tondu très court, comme s'il était rasé avec un rasoir. Il reste quinze jours sans oser toucher la terre avec ses pieds[11]. »

Selon Florestan Fernándes, le meurtrier se purifiait de la contamination de sa victime et s'identifiait à l'esprit du mort vengé :

« Il semble que cette cérémonie assumait le caractère d'un sacrifice individuel, où l'agent cherchait à se libérer de "l'impureté" résultant du contact avec le défunt, en même temps qu'il s'associait l'entité bénéficiaire du sacrifice de la victime, transformée ainsi en esprit protecteur du sacrifiant et de la communauté[12]. »

Ces hypothèses ne sont pas sans ambiguïté : comment le sang du guerrier peut-il être contaminé au point de signifier la présence de l'ennemi alors qu'il est universellement reconnu comme le signifiant idéal ou idoine de l'identité du groupe ?

Pourtant Alfred Métraux[13] lui-même soutient ce point de vue. Il cite à son appui le fait qu'au retour d'un guerrier vainqueur, sa propre communauté se rue sur sa maison et la pille puis la détruit, enfin oblige le meurtrier à une retraite de deuil. Avec la plupart des commentateurs, il interprète ces

---

11 *Ibid.*
12 *Ibid.*, p. 306.
13 Alfred Métraux, *Religions et magies indiennes d'Amérique du Sud*, Gallimard, Paris, 1967, pp. 75-76.

manifestations comme une *purification* de la communauté vis-à-vis du meurtrier car tout ce qui a trait au meurtrier serait contaminé de l'esprit de sa victime et empoisonné de sa vengeance.

Mais l'on peut aussi interpréter cette agression comme le *simulacre* d'une vengeance ennemie et comme le moyen de transformer le meurtrier en victime. Si le meurtre est conjoint à la disparition du nom du guerrier, et si l'acquisition d'un nouveau nom est conjointe à une "mort" de celui-ci, l'intérêt de ce simulacre ne serait-il pas de permettre au meurtrier de "mourir", et donc d'acquérir aussitôt un nouveau nom ?

Alfred Métraux fait également référence à une pratique médicale des Tupi-Guarani[14]. Les chamans *pratiquaient des incisions* sur le corps des malades. Ce serait, dit-il, pour que l'esprit malin s'en aille avec le sang. Les guerriers, par conséquent, se conformeraient à des pratiques chamaniques. Cependant on peut concevoir l'inverse et ramener les pratiques chamaniques à celles des guerriers, c'est-à-dire interpréter ces incisions comme une *mortification* qui permettrait au patient d'acquérir une nouvelle âme capable de vaincre l'esprit ennemi qui tente de le détruire.

Il semble en effet plus logique d'interpréter les pratiques chamaniques à partir de celles des guerriers que le contraire, car il faut, chez les Tupinamba au moins, être un grand guerrier pour pouvoir devenir chaman.

> « Et s'ils avaient réussi dans l'accumulation de "pouvoirs" ou de charisme, à travers les sacrifices rituels et des relations avec des entités surnaturelles, ils pouvaient alors se transformer en grands *pajés* et se déplacer avec relative liberté dans le monde dangereux des esprits [...][15]. »

---

14 *Ibid.*, p. 77.
15 Fernándes, *op. cit.*, p. 156 (*pajé* signifie chaman en Tupi-guarani).

Néanmoins, Florestan Fernándes prétend que :

« Tous les ethnologues, qui se sont inquiétés de cette question, sont unanimes à souligner, indépendamment du point de vue adopté, que la substitution du "nom" constituait une technique magique dans la société tupinambá, employée en premier pour tromper et en second frustrer leurs intentions de vengeance[16]. »

Pourtant, certains témoignages fissurent cette belle homogénéité. André Thevet[17], par exemple, soutient "formellement", selon Métraux, que la "proclamation du nouveau nom" avait lieu avant le meurtre de vengeance, avant le meurtre du prisonnier. Si cette information est exacte, elle ruine l'idée que l'on acquiert un nouveau nom pour fuir la vengeance de l'esprit de la victime, puisque celle-ci en aurait connaissance ! Aussi Métraux s'empresse-t-il de la mettre en doute :

« Il est probable que Thevet a interpolé les renseignements qui lui ont été fournis[18]. »

C'est une solution plausible. Thevet, en effet, a certainement recueilli des informations de divers truchements et les a collées les unes aux autres sans avoir jamais eu l'occasion de les vérifier lui-même. Toutefois, on doit noter que le témoignage auquel il se réfère ne concerne pas ce qui se passe après le sacrifice d'un prisonnier :

« Ils ont accoustoumé que celuy qui aura prins, ou tué, aussy tost tous ses amis se ruent sur luy, luy ostans tout ce qu'il a,

---

16 *Ibid.*, p. 310.

17 Cf. André Thevet, *Le Brésil et les Brésiliens* [1575], (2 vol.), vol. I : 1 *La Cosmographie universelle*, 2 *Histoire d'André Thevet de deux Voyages* ; vol. II : *Les Français en Amérique pendant la deuxième moitié du XVIe siècle*, P.U.F, Paris, 1953.

18 Métraux, *op. cit.*, p. 75.

mesmes son lit, pierres, leurs arcs, flesches, et farines de guerre. Et aussy tost que la prinse des prisonniers est faite, ou bien le massacre fait, il va devant au village, comme messager advertir comme le tout est passé. Et pour le récompenser de sa perte qu'il a faite quand il entre dedans le village, et qu'il publie son nom, de nouveau les vieilles luy jettent de la cendre sur le dos[19]. »

Ce témoignage décrit des faits si précis et originaux qu'il ne peut pas être imaginé et doit être pris en considération. Manifestement cette scène intéresse le guerrier qui revient du combat et non pas le sacrificateur d'un prisonnier. On doit en effet distinguer celui qui prend un prisonnier ou tue un ennemi au combat, de celui qui sera nommé pour avoir sacrifié le prisonnier, et qui n'est pas forcément son vainqueur.

On peut penser que par le fait même d'avoir vaincu un adversaire, le guerrier perd son nom. Le rite qui suit, la destruction de ses biens, en fait une victime. Le *simulacre de cette vengeance ennemie* ou donc de *mort du guerrier lui-même*, lui permet de reconquérir immédiatement un nouveau nom. Aussi, peut-il proclamer ce nouveau nom en arrivant au village, bien avant le sacrifice des prisonniers.

Lorsqu'il parle du *changement de nom*, André Thevet fait référence à deux rites assez semblables pour être confondus : celui qui succède à la victoire et celui qui succède au sacrifice. Il ne les dissocie pas, mais avec raison car ils ont certainement le même objectif : restituer au meurtrier qui perd son âme par le meurtre une nouvelle âme en lui faisant subir une *mort*.

---

19 Thevet, *op. cit.*, vol I, chap. 2 *Les deux voyages*, p. 274.

Claude d'Abbeville[20], cité également par Alfred Métraux, confirme que le guerrier qui vient de capturer un prisonnier prend un nouveau nom au même titre que celui qui exécute le prisonnier. Mais il ajoute que le sacrificateur devra procéder à un simulacre de combat et de capture avant le sacrifice : il libère le prisonnier, puis le rattrape et le maîtrise.

Tout cela se justifie, si on adopte notre point de vue, par la nécessité de perdre son nom avant d'acquérir un nouveau nom, étant donné que pour perdre son nom il est nécessaire de tuer ou capturer un ennemi. Si l'on admet donc que de perdre son nom par le meurtre rend nécessaire de "mourir" aussitôt pour retrouver une âme protectrice, tous les témoignages se concilient. André Thevet n'interpole pas les informations de ses truchements. Il est inutile de réfuter que le prisonnier puisse connaître le nouveau nom de son vainqueur – imagination à laquelle est contraint Métraux pour sauver sa théorie – l'idée que l'on change de nom pour fuir la vengeance du vaincu devient très problématique.

Florestan Fernándes donne une autre indication précieuse :

> « Selon la description de Cardim, la révélation rituelle du "nom" du tueur serait faite par ses sœurs classificatoires, et se produirait avant le début proprement dit de la première retraite[21]. »

---

20 Claude D'Abbeville, missionnaire capucin ayant participé à la tentative de colonisation française au Brésil en 1612, publia ses mémoires : *Histoire de la mission des pères Capucins en l'Isle de Maragnan et terres circonvoisines,* impr. de François Huby, Paris, 1614. Cité par Alfred Métraux, *op. cit.*, p. 57.

21 Fernándes, *op. cit.*, p. 309. Le jésuite Fernão Cardim (1540-1625) a écrit *Tratados da terra e gente do Brasil* [1939], 1ère éd. J. Leite & Cia, Rio de Janeiro, 1925, rééd. Hedra, São Paulo, 2009.

Le nom auquel peut prétendre le meurtrier n'est pas gratuit, il obéit à des règles préétablies, il dépend d'une comptabilité des vengeances dont les "tantes classificatoires" gardent la mémoire car elles peuvent témoigner pour les disparus.

La détermination du nouveau nom est donc distincte de son acquisition. Le meurtrier peut savoir à l'avance quels sont les noms qui sont disponibles ou quel est le nom qui lui est promis ou proposé parce que celui-ci est déjà déterminé par les meurtres subis, et pour cela connu d'avance. Le prisonnier peut même en avoir connaissance par lui-même si ce sont ses propres frères ou parents qui tuèrent précédemment et que c'est de leurs meurtres que proviennent les noms qui sont disponibles pour son vainqueur ! Rien ne permet dès lors de conclure que l'on prend un nouveau nom pour fuir la vengeance de l'esprit de la victime car la victime connaît ceux que les siens ont précédemment tués. La description de Cardim confirme que le choix du nom mérite l'assentiment de la parenté. Nous retrouvons là une situation comparable avec celle que décrivait Hans Staden lors de la désignation du nom de l'enfant.

Enfin, Métraux cite l'ethnologue Georg Friederici[22], qui a repéré d'autres analogies entre le rite de re-nomination des guerriers et celui du nom de l'enfant nouveau-né. Son interprétation est cependant conforme à la tradition. Pour lui :

> « Le meurtrier se serait mué en nouveau-né pour mieux tromper l'esprit du mort[23]. »

---

22 Georg Friederici (1866-1947), cité par Métraux, *op. cit.*, pp. 74-75.
23 Métraux, *op. cit.*, pp. 75-76.

Il s'agit toujours d'échapper à la vengeance de la victime en la trompant par un nouveau nom, mais ici Friederici fait un parallèle intéressant : le meurtrier, dit-il, astreint à rester dans son hamac et porté comme un nouveau-né pendant trois semaines par ses proches, reçoit un petit arc et des flèches minuscules avec lesquelles il s'exerce sur des figurines.

Pour Métraux, ces figurines « représentaient, à n'en pas douter, l'esprit du mort ».

Encore une fois, Métraux en appelle à la peur de la vengeance de l'esprit du mort. Ce serait pour le défier et le vaincre, le tuer ou le chasser que le guerrier utiliserait cet arc imaginaire. Mais pourquoi est-il minuscule, comme si le guerrier était un nouveau-né ? L'arc et les flèches "minuscules" ne veulent-ils pas signifier que l'âme reçue par le meurtrier est une nouvelle âme de meurtre – une "âme de vengeance" – comme celle de l'enfant, ou tout au moins un nom qui signifie « *ser diestro en hacer prisioneros* » ?

Et pourquoi ces figurines ne représenteraient-elles pas l'ennemi à détruire dans le futur plutôt que l'esprit de la victime ?

Florestan Fernández résume sa thèse ainsi :

« Comme on voit, plusieurs auteurs mentionnent, pour des raisons diverses, qu'il [le meurtrier] pourrait perdre jusqu'à la "vie" si les cérémonies prescrites n'étaient pas observées fidèlement. Ceci veut dire que, premièrement, les cérémonies de purification avaient pour but de mettre le sacrifiant (et par son intermédiaire la collectivité) à l'abri de la *vengeance* de l'"esprit" de la victime. Ce qui n'implique pas, naturellement, que le sacrifiant et la collectivité se défendent "par eux-même", par le simple effet magique des cérémonies observées ; les informations sont particulière-ment lacunaires, quant à cet aspect du système sacrificiel.

Néanmoins, il me semble hors de doute que le "combat" qui s'engageait n'était pas exactement entre le Tupinamba et l'"esprit" de la victime. En fait, par ce que l'on peut inférer, les cérémonies se destinaient à assurer la coopération d'un agent surnaturel, l'"esprit" bénéficiaire du sacrifice, qui ordinairement agissait comme un esprit protecteur[24]. »

Métraux souscrit à cette conclusion. Puis il ajoute :

« Ce n'était donc pas, selon Fernándes, les énergies du prisonnier mais la substance du parent mangé par lui qu'on cherchait à s'approprier ».

Il reconnaît cependant : « Il s'agit là, naturellement, de pures spéculations qu'aucun document ne vient étayer[25]. »

Il y a donc deux façons d'interpréter la dite "peur de mourir" des meurtriers. Ou bien le meurtrier a peur de l'âme de vengeance de sa victime et se protège en fuyant sous un nouveau nom, un faux nom ; il essaie même de se faire passer pour un nouveau-né, un innocent dont le nom n'est encore connu que de ses proches. Ou bien il a peur de mourir spirituellement s'il ne reconquiert pas immédiatement une âme de vengeance ; il est même en état de "mort" tant qu'il n'a pas réussi à acquérir une nouvelle âme puisque celle qu'il possédait vient de se consumer dans l'acte du meurtre. Il lui faut impérativement et immédiatement assumer une nouvelle mort ou s'identifier à un parent défunt pour acquérir cette nouvelle âme de vengeance. Le guerrier vit cette *mort* car sa conscience est, du fait qu'il vient de tuer, devenue une "conscience de mourir", et cette conscience exige son passage à l'acte tout comme celle de meurtre exigeait de se convertir en meurtre.

---

24 Fernándes, *op. cit.*, p. 308.
25 Métraux, *op. cit.*, p. 70.

Un témoignage vient à l'appui de cette thèse, celui de Yves d'Evreux[26], dont Fernándes dit : « Le seul observateur qui s'approche d'une signification religieuse des incisions ». Son témoignage indique que le meurtrier s'identifiait avec un de ses parents tués par l'ennemi par une mortification ; mortification qui lui permettait de recevoir son âme, son nom, sous forme d'une "conscience de meurtre".

> « "Il a su de ces sauvages, que deux raisons l'amènent à couper ainsi leurs corps, une signifie le regret et le sentiment, qu'ils ont par le décès de leurs parents, assassinés par les ennemis, et l'autre représente la protestation de vengeance, que contre eux ils leurs promettent, comme des braves et des forts, en semblant vouloir dire par ces entailles pénibles, qu'ils n'ont pas épargné ni leur sang et ni leur vie pour les venger"[27]. »

La première raison invoquée par Yves d'Evreux montre que le meurtrier hérite de la mort de celui dont il reçoit le nom, et qu'il subit cette mort jusque dans sa chair. Et la seconde précise que son âme est une *conscience de vengeance*. Il y a donc bien ici une conjonction entre le réel et l'imaginaire qui associe la mort vécue et la conscience de meurtre.

Le témoignage de Yves d'Evreux nous conduit à nous interroger sur la nature de la mort que veulent conjurer les Tupinamba. Pour les commentateurs, il s'agit de la mort que pourrait provoquer l'esprit du prisonnier ou de l'ennemi tué. Cette mort serait donc quelque chose de réel, de physique. Mais la crainte d'une mort de cette nature, poussée du moins

---

26 Yves d'Evreux, membre également de l'expédition missionnaire française chargée d'évangéliser les Indiens du Brésil en 1612, écrira lui aussi ses mémoires : *Svitte de l'histoire des choses plvs memorables aduenuës en Maragnan, és annees 1613 & 1614,* imp. Huby, Paris, 1615. Cité par Fernándes, *op. cit.,* p. 307.

27 *Ibid.,* p. 307.

à un tel extrême, est-elle compatible avec ce que l'on sait des Tupinamba qui en d'autres occasions manifestent un grand mépris vis-à-vis d'elle ? Les prisonniers eux-mêmes revendiquaient de mourir comme un honneur ! Comment, dès lors, les Tupinamba pouvaient-ils craindre cette mort physique, au point de se réduire, à la vue de tous, à des nouveaux-nés ?

Claude d'Abbeville rappelle même que :

« Si quelqu'un des prisonniers s'estoit échappé pour retourner dans son pays, non seulement il seroit tenu pour *couäue eum*, c'est à dire poltron et lasche de courage mais aussi ceux de sa nation mesme ne manqueroient de le tuer avec mille reproches de ce qu'il n'auroit pas eu le courage d'endurer la mort parmi ses ennemis, comme si ses parents et tous ses semblables n'estoient point assez puissants pour venger sa mort[28]. »

Les guerriers ne craignent pas de mourir physiquement, ils ne manquent pas de courage ou de caractère devant l'ennemi, mais leur courage est scellé à une conscience de meurtre qui pour eux est la vie, la "vraie vie" – la vie spirituelle qui les fait accéder au titre d'homme. S'ils sont privés de cette vie, ils meurent spirituellement et même physiquement, mais cette dernière mort est une conséquence de leur mort spirituelle[29].

---

28 D'Abbeville, cité par Métraux, *op. cit.*, pp. 51-52.

29 Dans le récit d'Helena Valero (1939), le chef Yanomami des Chamatari, invité par la tribu voisine, dit à son vieux père : « Père, les Namoétéri m'ont fait inviter [...], mais je crois que je ne reviendrai pas. Je pense qu'ils me tueront. J'y vais pour que personne ne croie que j'ai peur. J'y vais pour qu'ils me tuent. » Cf. Ettore Biocca, *Yanoama : Récit d'une femme brésilienne enlevée par les Indiens,* Plon, Paris, (1968), 1972, p. 241.

Cette mort spirituelle est d'abord privation d'"être", disparition dans le néant, elle n'est plus une épreuve physique qui fait passer au statut des anciens, elle est la destruction totale, la négation de la vie spirituelle de l'humanité tupinamba.

Ici il faut noter que le spirituel est si uni à l'imaginaire qu'il ne peut être dissocié de ses représentations, et que ces représentations non plus ne peuvent être dissociées des conditions qui lui confèrent ses caractères. Cela signifie que le symbolique n'arrive pas encore à se libérer de l'imaginaire ni l'imaginaire du réel, mais, fascinés par le spirituel et en dépit de ces limites, les Tupinamba acceptent la mort physique comme prix de la vie spirituelle.

Pour résumer notre point de vue, nous dirions que les Tupinamba vivent dans l'imaginaire, car c'est là qu'ils commencent à s'affranchir de la nature. C'est immédiatement dans l'imaginaire que tout se joue. Le meurtrier se trouve, par son meurtre de l'ennemi ou du prisonnier, privé de son nom d'origine, c'est-à-dire pour autant que ce nom est sa *vie* imaginaire, dans un état de *mort* imaginaire. Cet état de mort exige de *passer à l'acte* – l'actualisation –, de la même façon que précédemment la vie imaginaire (l'âme de vengeance) l'exigeait pour donner naissance à un meurtre réel. Cette actualisation de la mort qui s'inscrit dans le réel grâce au *simulacre d'une vengeance ennemie* ou grâce au *rite de mortification* est à son tour conjointe à l'apparition d'une nouvelle âme de vengeance – un nouveau nom.

Notre interprétation illustre une thèse fondamentale de la théorie de Stéphane Lupasco[30] selon laquelle une *conscience*

---

30 Cf. Stéphane Lupasco, *Le principe d'antagonisme et la logique de l'énergie* (1951), éd. Le Rocher, Monaco, 1987. Le "principe d'antagonisme", de la Logique du contradictoire, conjoint à toute *actualisation* d'un

élémentaire, une perception immédiate, est toujours conjointe à un acte réel qui lui est rigoureusement antagoniste : pour une mort dans le réel, une vie imaginaire ; pour une vie dans le réel, une mort dans l'imaginaire.

Nous devons souligner que la conjonction de la mortification sous sa forme la plus radicale, celle des *incisions* sanglantes, et de la conscience de meurtre est mise en évidence par le fait, indiqué par tous les observateurs, que les *cicatrices* des *incisions* témoignent de la renommée du guerrier. Ces *cicatrices* sont clairement utilisées pour signifier les mortifications subies car elles sont en effet transformées en tatouages :

> « Ces entailles, frottées de certaines mixtures et poudres noires laissaient des cicatrices ineffaçables qui passaient pour honorifiques[31]. »

Après chaque vengeance, le guerrier subit ou s'inflige une "mort" de façon à marquer son corps d'une nouvelle cicatrice, et cette cicatrice est rendue indélébile : elle reçoit la fonction de signifier la *renommée* du guerrier. Le nombre de tatouages indiquera de quelle gloire le guerrier peut se prévaloir.

> « Celui qui a tué désire un autre nom, et le chef des huttes lui marque le bras avec la dent d'un animal féroce. Quand il guérit, on voit la marque, et ceci est son honneur[32]. »

Si les cicatrices ne dessinent pas le nom du guerrier de façon figurative (représentation du jaguar, du serpent anaconda, etc.), sans doute est-ce parce que ce nom sera

---

phénomène la *potentialisation* du phénomène antagoniste. Stéphane Lupasco interprète toute actualisation physique ou biologique comme le *réel*, et ce qui se potentialise comme la *conscience élémentaire* de ce qui s'actualise.

31 Métraux, *op. cit.*, p. 77.

32 Staden, cité par Fernándes, *op. cit.*, p. 307.

remplacé par un autre lors du cycle suivant. Les cicatrices reçoivent en effet une forme géométrique et reproductible pour pouvoir s'accumuler et se compter : elles indiquent alors le nombre d'âmes vengeresses conquises par les morts subies et actualisées par des meurtres. En ce sens, les dessins des cicatrices ont été reconnus comme les *archives*, le *curriculum vitae*, comme disent les interprètes, des guerriers Tupinamba.

> « Les incisions, pratiquées en une des cérémonies des rituels de re-nomination, objectivaient symboliquement les "noms" acquis par des sacrifices humains. Elles fonctionnaient donc comme des symboles sociaux : chaque homme portait sur son propre corps les marques de sa bravoure, son pouvoir et son prestige[33]. »

Ces incisions sont non seulement des blessures réelles, des *mortifications*, mais des marques, des tatouages qui façonnent un visage – le visage de gloire du meurtrier. Elles indiquent à autrui qu'il a conquis tant de noms, accompli tant de vengeances, et qu'il les a mérités par la souffrance de la mort, car ce qui est en jeu, pour les Tupinamba, entre mort et meurtre, c'est le prestige, c'est la gloire de l'être.

---

33 Fernándes, *op. cit.*, p. 207.

II

La puissance d'être ou "vertu vivifiante"

Les auteurs précédemment cités soulignent que *le rite du passage* de l'enfance à la vie adulte permet d'acquérir deux qualités, qu'ils distinguent avec précision. La première est un *nouveau nom*, une nouvelle âme de vengeance, la seconde une force de caractère supérieure, une *puissance affective*.

> « Grâce au sacrifice de la victime, il acquérait une "force" ou "vertu vivifiante" qu'il ne possédait pas auparavant ou, alors, possédait mais à moindre degré : en même temps qu'il gagnait de nouveaux "noms", le sacrifiant contribuait à travers le massacre des victimes à assurer sa propre vie future[34]. »

La *vertu vivifiante* est d'une telle importance que sans elle il est impossible ou presque d'accéder à la vie sociale. Elle est même liée à la possibilité du mariage :

> « En prenant comme point de référence le mariage, on vérifie que la reconnaissance de la maturité sociale était une conséquence directe de l'acquisition, pour les sacrifiants-novices, de cette "force" ou "vertu vivifiante". Avant de passer par ces rituels, les individus de sexe masculin ne pouvaient pas se marier, comme l'informent quelques chronistes : "Ils ne se marient pas d'ordinaire tant qu'ils n'ont pas pris ou tué un homme…" […].

---

34 Fernándes, *op. cit.*, p. 201.

Les Tupinambá croyaient que les jeunes non-initiés seraient incapables d'assumer les rôles de "pai" dans les rites de naissance[35]. »

La *vertu vivifiante* naît donc à l'occasion du meurtre. On ne peut pour autant la considérer comme une actualisation de la première âme de vengeance. Elle apparaît bien lorsque celle-ci disparaît, mais elle n'est pas le produit de cette disparition puisque c'est le meurtre lui-même qui résulte du passage à l'acte de l'âme de vengeance. La question se pose donc : d'où vient cette force nouvelle et soudaine qui transforme l'enfant en adulte – en *avá* – et qui augmente la puissance du guerrier ?

Il paraît important de souligner que les rites de mortification sont *consécutifs* au meurtre. Si le guerrier a tué sur le terrain ennemi, c'est en effet *immédiatement* qu'a lieu le simulacre de sa mort ; s'il sacrifie un prisonnier, c'est *immédiatement* le meurtre accompli qu'il doit "vivre la mort". Mais aussitôt, et dans les deux cas, il acquiert un nouveau nom. Que signifie cette immédiateté ?

On peut observer que le nouveau nom est un sentiment de vie qui vient contredire le sentiment de mourir, qui l'envahissait dès le meurtre accompli. L'apparition du nouveau nom – "conscience de meurtre" – vient se heurter à une "conscience de mort". Ces deux consciences antithétiques se contredisent donc en des lieux et des temps sinon synchrones du moins extrêmement rapprochés. La contradiction ou la synergie contradictoire de ces deux consciences est le siège d'une force psychique particulière.

Nous supposons que cet instant privilégié est le creuset de cette "force vivifiante", qu'ont reconnue les observateurs. Ce moment psychique, nous le disons "contradictoire" ou

---

35 *Ibid.*, p. 202.

"contradictoriel" parce qu'intermédiaire entre des consciences antagonistes l'une de l'autre : la conscience de mort et la conscience de meurtre.

Si l'on se réfère aux travaux de Stéphane Lupasco, on dira que la *conscience de meurtre*, réduite à elle-même, se confond avec une conscience élémentaire, une conscience biologique ou instinctive, la *conscience de mourir*, seule, se réduit à son tour à une perception biologique élémentaire de la mort ; mais l'une confrontée à l'autre, ces deux consciences élémentaires s'équilibrent et se métamorphosent en un sentiment d'"être". Elles n'ont de sens que dans la mesure où elles protègent dans leur relation antithétique ce qui les unit – ce moment que Lupasco appelle "contradictoire" et qui est l'intériorité de l'âme[36]. Celui-ci a donc pour limite ou contour précis ces consciences élémentaires qui définissent son imaginaire. Seulement, alors, les deux perceptions de vie-meurtre et de mort-par-meurtre ont un sens.

On peut opposer à cette thèse que les deux consciences antagonistes de la mort et du meurtre, "gardiennes" de la "vertu vivifiante" tupinamba, ne sont en réalité pas synchrones au sens de simultanées. Mais ce qui importe c'est que cette synchronicité ne se réalise pas seulement dans l'espace mais aussi dans la durée. Réduire la synchronicité à la simultanéité serait la réduire à une symétrie dans l'espace et faire l'impasse sur le temps. Or on peut interpréter le cycle des vengeances comme un déploiement de l'équilibre *contradictoire* tel qu'il embrasse aussi le temps.

La symétrie dans le temps se traduit par le rythme, la périodicité des vengeances. Les deux consciences élémentaires sont liées par leur contradiction au point que l'une n'appelle

---

36 Cf. Dominique Temple, « Le principe du contradictoire et l'affectivité » (1998), en ligne sur le site de l'auteur.

l'autre à lui succéder qu'en passant elle-même à l'acte. C'est toute la vie tupinamba qui est enfermée dans cette dialectique, *la dialectique de la vengeance*. (Et nul ne pourra y échapper qu'à la condition de lui substituer une autre dialectique tout aussi féconde comme la *dialectique du don*[37], par exemple).

LA DIALECTIQUE DE LA VENGEANCE

La *force vivifiante*, de nature affective, paraît disparaître quand émerge une *représentation* d'une conscience de meurtre — l'âme de vengeance —, mais elle ne disparaît pas totalement. Il serait plus juste de dire qu'elle est seulement recouverte par cette conscience de meurtre en laquelle elle se métamorphose pour une part, et que l'autre part demeure comme l'efficience de cette conscience de meurtre.

La même chose avec la conscience de mourir ; et cette efficience peut être si puissante qu'elle peut produire jusqu'à la mort réelle. Le moment contradictoire qui unit les deux consciences de la vie et de la mort est en fait polarisé par la prépondérance d'une conscience sur l'autre, plus précisément de la conscience de meurtre sur la conscience de mort.

En effet, dès que l'homme a conscience de mourir, il s'empresse de permettre à cette conscience de passer à l'acte — ce sont les rites de mortification — et de retrouver une conscience de meurtre (son nom de meurtrier), qu'il peut garder longtemps même si celle-ci exige impérativement de s'actualiser. L'équilibre entre les deux consciences est rétabli

---

37 Cf. Dominique Temple, *La Dialectique du don*, Diffusion Inti, Paris, 1983. 2de édition Hisbol, La Paz (1986), 1995.

par la vengeance de l'ennemi qui devient nécessaire afin que le cycle puisse être aussitôt réorienté dans le même sens : la reproduction du cycle est polarisée par la conscience de meurtre.

Cette supériorité de la vie imaginaire sur la mort imaginaire est hors de doute. Comment expliquer cette supériorité de la "conscience de meurtre", de l'âme de vengeance, sur la "conscience de mourir" ? On peut répondre que le cycle ne peut logiquement se reproduire que par le dépassement de l'équilibre grâce à une polarité dialectique qui donne l'avantage à l'une des deux consciences sur l'autre. Mais la question demeure : pourquoi la conscience de meurtre l'emporte-t-elle sur la conscience de mourir ?

Nous hasarderons une hypothèse. Toute vie est prédatrice. La vie biologique est essentiellement meurtre. Pour relativiser cette norme par son contraire, il faut développer la mort qui, si elle existe dans la nature, est toujours subie ; il faut donc pour qu'elle fasse jeu égal avec la vie en augmenter le pouvoir, la rendre dynamique ! C'est la mort devenue volontaire qui fait apparaître ce moment d'équilibre où les deux consciences sont en face l'une de l'autre égales en puissance. C'est donc de souffrir volontairement la mort qui peut donner à l'homme sa première "conscience de conscience". C'est en mourant que l'homme apprend à devenir humain. D'où le fait que la conscience de meurtre que l'on a par le fait de souffrir la mort soit plus précieuse que la conscience de mort que l'on peut avoir d'être meurtrier.

Si cette hypothèse est juste, on devra voir dans le "vivre la mort" un grand moment de l'histoire humaine, peut-être même nécessaire à l'émergence de la pensée symbolique..., et dans la réciprocité des meurtres, le berceau de la société. Peut-être ne connaissons-nous la vie spirituelle et n'avons-nous accès au surnaturel que par la mort ! Quoi qu'il en soit, c'est une conscience et une seule, la conscience de meurtre, qui signifie la *vertu vivifiante* produite par le cycle de la vengeance par la réciprocité de vengeance.

La conscience dominante suffit pour signifier la *vertu vivifiante* qui résulte de la contradiction avec sa conscience opposée. Le second nom vient effacer le premier parce qu'il s'est enrichi de la force acquise dans le second cycle de mort et de meurtre. Il est identique au premier mais chargé d'une puissance supérieure. Dans l'imaginaire tupinamba, une puissance supérieure sera donc représentée par une image plus forte, ou, dit autrement, une plus grande force d'âme se représentera par une image plus forte de meurtre.

Au retour d'une expédition meurtrière, un grand chef convoque Staden et lui offre de consommer un prisonnier avec lui. Staden refuse et lui demande pourquoi il mange ses ennemis. L'homme lui répond en se déclarant le plus redoutable des fauves : le jaguar.

> « Ce même Konian Bébe avait un énorme panier plein de viande humaine devant lui, et on était en train de manger une jambe qu'il approcha de ma bouche, en me demandant si je voulais en manger. Je lui répondis que si aucun animal irrationnel ne s'entredévore, comment alors un homme pouvait-il dévorer un autre homme ? Il cloua ses dents dans la viande et dit : *"jau ware sche"* qui veut dire : "je suis un tigre" (*"Jawára chê"*, "je suis une bête féroce" ou "moi le Jaguar")[38]. »

---

38 Staden, (1983), *op. cit.*, p. 142.

L'INDIVIDUATION DE L'ÊTRE

La parenté des guerriers tient le compte des âmes disponibles puisque le cycle guerrier reste articulé sur la vengeance d'autrui. Mais par la mortification et le simulacre, le guerrier tupinamba rompt sa dépendance systématique de l'ennemi réel. Il peut accroître sa renommée sans pour autant exiger qu'autrui vienne tuer. Dès lors, le nombre de meurtres et de mortifications rituelles suffit à mesurer la renommée. La dialectique de la vengeance prend son autonomie de la réciprocité proprement dite. Les "incisions" ne comptabilisent que les meurtres perpétrés *sur* autrui et non plus les meurtres perpétrés *par* autrui. Sans doute est-ce pour cela que les observateurs ont cru que l'on recevait un nom de chaque meurtre.

Dans les apparences, c'est en effet par le nombre de ses victoires que le guerrier augmente son prestige et gravit les échelons de la hiérarchie du pouvoir. La société tupinamba devient une société "guerrière".

> « La graduation sociale résultant du prestige acquis par les associés grâce à leurs mérites personnels reposait en grande partie sur le "curriculum guerrier" de chacun. Toutes les graduations de statut des personnes qui appartenaient aux catégories de *Avá* et de *Tujuáe* – "homme marié", "chef de maloca", "chef de groupe local", "chef de bande guerrière", "chef guerrier", et "pajé" – dépendaient directement ou indirectement du prestige ou des pouvoirs accumulés par l'intermédiaire des haut-faits guerriers[39]. »

---

39 Fernándes, *op. cit.*, p. 200.

Si le guerrier est l'auteur aussi bien du meurtre que de sa mort par le simulacre, il devient donc lui-même l'origine de la "vertu vivifiante" bien qu'elle soit toujours engendrée par le cycle de réciprocité. La croissance de sa force de caractère, de son autorité, de son pouvoir résulte de la reproduction d'un cycle dont il a seul l'initiative. À l'intérieur de cette force affective et spirituelle qui est son être se noue un principe moteur nouveau qui n'est autre que l'efficience du symbolique. On peut dire que la puissance affective s'est transformée en *volonté de puissance*.

III

Le surnaturel, réel Tupinamba

Cependant, les Tupinamba sont peut-être allés plus loin : bien que le nom vienne enfermer dans son image la "vertu vivifiante" du guerrier, le fait que les noms se succèdent indique une dissociation de la représentation et de la "vertu vivifiante", une distinction de l'image et de la puissance spirituelle.

La puissance spirituelle constitue une sorte de Tiers entre le meurtrier et le mourant, un Tiers dont on ne peut être le réceptacle que si l'on assume la double situation de soi comme meurtrier et de l'autre comme victime, et en renversant les rôles c'est-à-dire en "souffrant la mort" de façon réciproque ou bien encore par le simulacre d'une vengeance que l'on s'inflige à soi-même. Par contre, pour le guerrier, les consciences qui vont, viennent, s'effacent à chaque meurtre et reviennent à chaque "mort", ne sont pas sa réalité dernière. Elles peuvent le quitter, être reconquises par d'autres, elles ont une vie propre, elles demeurent comme mémoire de la communauté des Tupinamba.

Tandis que la puissance du guerrier disparaîtra avec sa mort, les âmes en question continueront de vivre, gardiennes de la réciprocité sociale, et elles ne cesseront d'être interpellées par d'autres guerriers pour qu'elles leur communiquent le visage de gloire auquel ils prétendent. Les

Tupinamba disent que ces âmes ont une vie surnaturelle, qu'elles sont des esprits, tandis que quelque chose d'irréductible à toute représentation – la "vertu vivifiante", la force d'âme ou pour employer une catégorie anthropologique le *mana* – est une puissance qui leur semble leur *être* propre.

Les Tupinamba ne disent pas que les structures de réciprocité sont les matrices des esprits, mais au contraire que les esprits exigent la réciprocité. Pourquoi dire que les esprits contraignent à se conformer à leurs exigences plutôt que de dire que les structures de réciprocité sont génératrices des esprits ?

La seconde formulation (scientifique) permet de dissocier la structure de réciprocité de l'imaginaire. Elle confère à la structure de réciprocité un rôle universel : celui d'être le siège de l'être social, quelle que soit la *forme* de réciprocité choisie, négative ou positive[40], et par conséquent indépendamment de toute représentation.

Le point de vue des Tupinamba, qui part de l'imaginaire, des esprits donc, lesquels sont différents les uns des autres, ne permet pas cette distinction. Il y a des esprits qui prescrivent la réciprocité négative, d'autres esprits la réciprocité positive.

----

40 Négative, positive et symétrique sont les *trois formes* de la réciprocité. Le *prestige* est l'imaginaire dans lequel s'exprime le sentiment de l'humanité créé par la réciprocité positive (définie par la bienveillance) ; l'*honneur*, le sentiment de l'humanité créé par la réciprocité négative (définie par la vengeance). La réciprocité *symétrique*, résultant de la relativisation de la réciprocité positive et de la réciprocité négative, ne peut être nommée de façon objective sinon par les valeurs qu'elle produit : le *respect* est la première valeur de l'*éthique* de la réciprocité symétrique délivrée de tout imaginaire. Cf. Dominique Temple, « Les trois origines de la réciprocité symétrique » (2006), en ligne sur le site de l'auteur.

Si les premiers sont les *bons* esprits, pour les Tupinamba, la
"vertu vivifiante" dont ils sont les garants ne sera pas
dissociable de cette définition du Bien. Et le Bien des uns
peut être le Mal pour les autres. Pour les missionnaires
Franciscains, par exemple, les esprits du Bien des Tupinamba
sont des esprits du Mal. N'y aurait-il pas là une raison de
l'affrontement des chamans et des religieux ?

André Thevet raconte qu'il aurait promis la guérison à un
prisonnier tupinamba malade pourvu qu'il renonce au
sacrifice humain et au repas anthropophage. Le prisonnier lui
répondit que si Dieu lui-même le lui ordonnait, il ne pourrait
accepter sans mourir de honte :

> « A quoy ce maistre Roytelet me fit response, que volontiers
> estant guery par la puissance de Toupan, qu'il accordoit
> presentement tous les articles que je luy avois proposez,
> hors mis un, qui estoit de ne se vanger de ses ennemis : et
> encores quand Toupan luy commanderait de ne le faire, il
> ne le sçauroit accorder : Ou si par cas fortuit il l'accordoit, il
> meriteroit mourir de honte[41]. »

Les chamans protègent avec la réciprocité négative la
condition d'accès au monde des esprits. Ils défendent leur
appartenance à une sphère imaginaire qui est au commencement de leur être. Mais pourquoi ne trouvent-ils pas
d'équivalence dans la doctrine chrétienne ?

Thevet nous donne une indication sur une réponse
possible. Le mot *Tupã* (Toupan) qu'il utilise pour dire *Dieu* en
tupi-guarani[42] a donné lieu à de longs débats pour savoir si les
Jésuites avaient eu raison ou non de l'employer pour désigner

---

41 Thevet, *Les singularités de la France antarctique, op. cit.*, p. 86.

42 Les langues *tupi* constituent une famille d'environ 70 langues
   amérindiennes parlées par différents peuples du Brésil, les Tupí et
   les Guaraní dans la forêt amazonienne, et au Paraguay.

le Dieu des Chrétiens en guarani. Thevet n'hésite pas. Il utilise *Toupan* parce que *Toupan* veut dire, aux yeux des Tupinamba, lui semble-t-il, la foudre. Jean de Léry[43] précise à son tour que si, à son avis, *Toupan* n'est pas le même Dieu que le Dieu des Chrétiens, il n'en signifie pas moins une force foudroyante puisqu'il serait le nom de l'esprit qui animerait le tonnerre :

> « M'étant un jour inopinément trouvé en un village de la grande île nommée Pirani-iou où il y avait une femme prisonnière toute prête d'être tuée de cette façon, en m'approchant d'elle et pour m'accommoder à son langage lui disant qu'elle se recommandât à Toupan (car Toupan entre eux ne veut pas dire Dieu mais le tonnerre) et qu'elle le priât ainsi que je lui enseignerais[44]. »

Pour "s'accommoder à son langage", où il n'existe pas de terme pour Dieu, Jean de Léry comme André Thevet choisit donc *Toupan*. Peut-être les premiers interprètes se sont-ils trop rapidement servis de *Toupan* comme si *Toupan* voulait dire "tonnerre", parce que les ondées subtropicales sont annoncées par le tonnerre, et ont-ils extrapolé : pluie – tonnerre – foudre – toute puissance – Dieu ! [45].

---

43 Jean de Léry, *Voyage fait en la terre du Brésil (1563-1578)*, éditions de Paris, 1957.

44 *Ibid.*, p. 177.

45 Il s'agit bien de leurs propres représentations de Dieu et non de celle des Tupi-Guarani car *Toupan* ne veut pas dire "tonnerre". Le sens de *Toupan* le plus authentique nous est rapporté par León Cadogan dans sa traduction des chants sacrés des Mbyá-Guaraní :
« *Ñande Ru Tenonde* ("Notre Père primordial") dit à l'un de ses trois fils, *Tupã Ru Eté* : "Tu auras à ta charge la vaste mer et les ramifications de la vaste mer dans sa totalité. Tu auras à t'inspirer du juste milieu qui relativise l'ardeur de la divinité" *(Yo haré que tu te inspires en las leyes mediantes las que se refrescará la divinidad) »*. Cf. León Cadogan, *Ayvú Rapyta. Textos míticos de los Mbyá-Guaraní del Guairá*, Boletim 227, Antropología n° 5, São Paulo, 1959, p. 31.

Jean de Léry, comme Thevet, choisit pour traduire Dieu le terme tupinamba le plus proche de l'idée qu'il se fait de l'être divin : la "toute-puissance", au point que Dieu apparaît comme un pouvoir métaphysique.

Il nous semble que dans sa réponse, le prisonnier tupinamba accepte de prêter à *Toupan* le sens que Thevet voudrait lui donner. Mais le prisonnier maintient que sans la matrice de la vie et de la mort, cet au-delà ne peut être engendré au bénéfice de l'homme. On entend dans cette réponse quelque chose comme : *Si Dieu est, comme tu le dis, la toute-puissance, et qu'il prescrive donc l'abandon de la réciprocité, alors je ne saurais te suivre car j'en mourrai de honte comme être humain.*

Si le prisonnier tupinamba refuse au religieux d'abandonner la réciprocité négative, même si Dieu le lui ordonnait, ce n'est pas qu'il refuse d'abandonner le meurtre mais qu'il refuse d'abandonner la réciprocité par laquelle il fonde son être comme puissance surnaturelle. Les religieux ne saisissent pas la raison de cette réponse. Il est vrai que les chamans partaient de l'imaginaire, du surnaturel. Et c'était l'Esprit, dans leur imaginaire, qui leur dictait de respecter le principe de réciprocité, qui leur ordonnait donc de vivre la mort, puis de tuer l'autre.

Mais pourquoi les Tupinamba accordaient-ils une importance telle à la réciprocité négative qu'ils refusaient de s'en séparer même quand les religieux chrétiens leur offraient la possibilité de la remplacer par la réciprocité positive ?

Dans notre interprétation de la réciprocité négative chez les Jivaros[46], nous avons essayé de montrer que la réciprocité négative et la réciprocité positive n'ont pas des résultats

---

46 Cf. Dominique Temple & Mireille Chabal, *La réciprocité et la naissance des valeurs humaines*, L'Harmattan, Paris, 1995, pp. 79-124.

identiques. Dans la réciprocité positive, le donateur qui est à l'initiative du cycle augmente sa *puissance d'être* (l'équivalent de la "vertu vivifiante") en même temps qu'il acquiert davantage de renommée. À chaque reproduction du cycle, l'accroissement de l'imaginaire et de la puissance d'être sont synchrones, et de ce fait quasiment indissociables. Dans la réciprocité négative, au contraire, le guerrier qui est à l'initiative du cycle perd sa *conscience de meurtre,* son âme de vengeance, à chaque reproduction du cycle, tandis qu'il accroît sa *puissance d'être.* Les Jivaros ont nommé différemment la "puissance d'être" et la représentation de la "conscience de meurtre", respectivement : *kakarma* et *wakani arutam* [47].

La réciprocité négative a donc l'avantage de disjoindre la puissance d'être de sa représentation (l'âme de vengeance), et de réserver la force purement spirituelle à la relation elle-même de réciprocité. Le *mana,* ou plutôt le *kakarma,* est l'être même, mais dont on peut percevoir qu'il est plus réel que le réel de ses représentations.

Cette découverte de l'autonomie du réel de l'être, qui pour nous est le surnaturel, les chamans n'acceptent pas d'y renoncer. Nombreuses sont les sociétés qui perpétuent d'ailleurs sous forme rituelle la réciprocité négative lorsque la réciprocité positive devient dominante. La mémoire de la réciprocité négative est peut-être une référence nécessaire

---

47 Cf. Michaël J. Harner, *The Jivaro* [1972]. Trad. fr. *Les Jivaros : Hommes des cascades sacrées,* Payot, Paris, 1977.
Les peuples amérindiens habitants les forêts de la haute Amazone ont été désignés par les premiers envahisseurs espagnols sous le nom de Jivaros (*Xibaros*) qui signifie "sauvage" ou "barbare". Actuellement cinq peuples, dont les territoires sont coupés en deux par la frontière entre l'Équateur et le Pérou, sont regroupés sous le terme Jivaros, en Équateur : les Shuar, les Achuar et les Shiwiar ; au Pérou : les Aguaruna et les Huambisa.

pour éviter que la valeur spirituelle produite par la réciprocité positive ne soit confondue avec sa représentation[48].

L'ORIGINE DU CHAMANISME : LA PAROLE-ACTE

Dans son récit, Hans Staden décrit la veille d'une attaque projetée par les Tupinamba sur leurs ennemis :

> « Quand la nuit arriva, le chef, appelé Konian Bébe, passa par le campement de la forêt, parla et dit qu'ils étaient déjà arrivés près de la terre ennemie, qu'ils se souviennent de tous les rêves qu'ils auraient pendant la nuit et qu'ils essayent d'avoir des rêves heureux. Finie cette conversation, ils ont commencé à danser en honneur de leurs idoles jusqu'à très tard dans la nuit, et ils sont ensuite allés dormir. Quand mon maître s'est couché, il me dit d'essayer d'avoir un bon rêve. Je répondis que je n'en faisais pas cas parce qu'ils sont toujours faux. "Alors, me dit-il, demande au moins à ton Dieu que nous capturions des ennemis"[49]. »

La dernière réplique nous indique que les songes en question doivent procurer des visions de meurtre, mais ces visions sont dues au souffle de la vengeance que contiennent les *Tamaraka* – maracas – (que Staden appelle des *idoles*), et de

---

48 Dans les *Réductions* jésuites du Paraguay (XVIIe siècle), les missionnaires livreront combat aux chamans guarani (les prophètes) en s'associant les caciques par le don, s'appropriant la réciprocité positive et réfutant la réciprocité négative comme le "mal". Cf. Bartomeu Melià, *El Guaraní conquistado y reducido*, Biblioteca Paraguaya de Antropología, vol. 5, Asunción, 1993. Lire aussi de Dominique Temple, *Le Quiproquo Historique* (1987), Collection *réciprocité*, n° 12, 2018.

49 Staden, (1983), chap. 41, pp. 136-137.

tels souffles sont des *paroles* que son interlocuteur identifie aux paroles de Dieu. L'acte du meurtre n'est plus une vengeance consécutive à un meurtre, il est l'exécution d'une parole, d'un ordre. Il est l'actualisation, la manifestation de l'esprit, la vie de l'esprit.

> « Au lever du jour, les chefs se sont réunis autour d'une marmite pleine de poisson frit, dont ils firent un sort tandis qu'ils contaient les rêves les plus agréables qu'ils avaient eus. Certains dansèrent en hommage à leurs idoles et voulurent aller ce même jour en terre ennemie[50]. »

Le songe de chacun ou plutôt la vision de la vengeance est publiquement exprimé. Aussitôt, les guerriers estiment devoir attaquer l'ennemi, comme si la déclaration de la vengeance était un acte décisif, un commandement dont on ne puisse différer le caractère exécutoire. L'imaginaire des Tupinamba n'est donc pas séparé de la nature : lorsque la conscience devient parole, elle devient aussi acte. L'unité de l'acte et de la parole est insécable. L'être est lié à son image, mais celle-ci à l'action qu'elle représente. Le surnaturel se métamorphose dans les choses qu'il nomme. Les Tupinamba vivent dans l'imaginaire mais pas encore dans le symbolique.

Cependant le chamanisme attribue déjà l'efficience de l'acte à la parole qui désigne l'acte. La proclamation du meurtre équivaut à un passage à l'acte de la "vertu vivifiante" contenue dans la conscience de meurtre. Le meurtre concret de l'ennemi est donc presque surérogatoire ; la parole tue ! ce qui ne veut pas dire que l'on puisse se passer de tuer. Le meurtre ne peut pas ne pas être perpétré car cela impliquerait que l'on pourrait revenir sur sa parole. Le sens des âmes et des mots en serait brouillé. Il faut qu'une mort suive la parole !

---

50 *Ibid.*

Mais la parole peut tuer même là où le meurtre ne peut être directement perpétré. Le chaman prétendra à l'efficience du meurtre par la seule proclamation de la parole. Les morts de cause inconnue, toutes les morts seront ainsi perçues comme le résultat des paroles d'un esprit ou d'un chaman.

La réciprocité et la genèse de l'être social

Lorsqu'une expédition guerrière revient avec un prisonnier, celui-ci est aussitôt conduit à la tombe d'un guerrier qu'il doit "renouveler". On lui donne les armes et les biens du défunt. Hans Staden raconte, qu'à son arrivée :

> « Ils formèrent un cercle autour de moi, moi restant au centre, avec deux femmes. Ils m'ont attaché à une jambe des choses qui se heurtaient entre elles, une autre chose dans la nuque, faite de plumes d'oiseaux, qui dépasse la tête et qui est appelée dans leur langue *Arasoyá*[51]. »

Ces biens, les armes et la parure, notamment le diadème de plumes, sont l'expression du prestige d'un guerrier défunt. Le prisonnier est présumé avoir été le meurtrier du défunt célébré puisqu'il partage le même être social que ses frères de clan. Mais il concilie désormais deux visages : celui de sa victime et le sien.

Ce rite associe les images de deux ennemis comme pour indiquer que l'autre est nécessaire pour créer la conscience d'appartenir à l'humanité. Il nous semble indiquer, qu'à l'origine, la "vertu vivifiante" n'appartient à personne, ni au mort ni à son meurtrier, mais qu'elle est suscitée, re-suscitée

---

51 *Ibid.*, chap. 23, p. 92.

par le face-à-face, la symétrie et l'alternance, la réciprocité des deux guerriers dans le cycle de la vengeance.

Là, encore, on peut présumer que l'être social tupinamba prend des forces dans le face-à-face de la réciprocité. Et comme le prisonnier est destiné à mourir par celui qui prendra le nom de qui fut sa victime, c'est à un double face-à-face que procède ce rite ; de sorte que la vie de l'être social ne s'interrompt jamais.

Si le guerrier est l'auteur aussi bien du meurtre que de sa mort par le simulacre, il devient l'origine de la "vertu vivifiante" engendrée par le cycle de la réciprocité. La croissance de sa force de caractère, de son autorité, de son pouvoir résulte de la reproduction d'un cycle dont il a seul l'initiative. Il devient le sujet de cette force affective et spirituelle qui est son être. Mais sans doute le cycle individuel du guerrier qui tue et se mortifie doit-il être mis en relation avec le face-à-face où deux guerriers supportent la relation mort/meurtre, car celui-ci paraît être la structure la plus fondamentale ou originaire de l'être social dans les sociétés de réciprocité négative.

Si la succession des morts et des meurtres est la condition d'apparition de la puissance affective et spirituelle des Tupinamba, mais aussi de l'être social de la communauté, on peut s'attendre à ce que le cycle de la vengeance se renouvelle indéfiniment...

> « Donc, les mêmes rites fonctionnaient selon les circonstances soit comme des rites de passage soit comme sphère de concurrence pour le prestige[52]. »

---

52 Fernándes, *op. cit.*, p. 201.

Florestan Fernándes précise que le sacrifice rituel d'une victime humaine et la conquête d'un nom représentaient une chose pour le jeune, qui devenait *"Avá"*, et une autre bien différente pour l'*Avá* qui déjà était un guerrier expérimenté. Le premier rencontrait dans les situations vécues la condition de son passage dans la catégorie d'"homme" ; le second attendait d'elles d'autres résultats, aussi importants pour lui que pour le jeune, l'élévation de son statut : préserver sa position et augmenter son "pouvoir" ou charisme, ce qui causerait la hausse croissante de son prestige.

Mais cette différence entre les jeunes guerriers et les guerriers expérimentés ne concerne pas la nature de la "vertu vivifiante", qui, elle, demeure bien la même : la force de caractère, la puissance éthique du guerrier tupinamba :

> « L'augmentation de charisme, à travers la capture de prisonniers et du sacrifice d'un certain nombre d'ennemis – changeant selon la diligence et les aptitudes personnelles de chacun – accompagnait le lent processus de dressage des sens, des émotions et de l'intelligence auquel se soumettaient les hommes, faisant en sorte que l'acquisition du statut de *tujuáe* fut une occurence naturelle et nécessaire dans la vie d'un homme "normal" [53]. »

---

53 « Le statut de "tujuáe" représente culturellement, pour les Tupinamba, le type de configuration le plus complexe et le plus harmonieux de la vie d'un homme ». *Ibid.*, p. 156.

L'esprit de la Vengeance

Logiquement, la dialectique de la vengeance n'implique pas que les guerriers fassent des prisonniers. Ne suffit-il pas en effet qu'ils tuent des ennemis ? Le prisonnier est donc autre chose qu'un ennemi. Or, presque tous les rites des Tupinamba et presque toute leur vie sociale gravitent autour du prisonnier. Celui-ci est honoré car c'est par son sacrifice que s'engendrera la renommée la plus grande.

Le récit de Hans Staden paraît d'abord démentir cette vénération du prisonnier. À son arrivée au village, il fut non pas honoré mais frappé de coups, mais il précise aussitôt que ces coups étaient des simulacres de meurtre qui permettaient aux femmes de "changer de nom" (plus précisément de se scarifier et d'obtenir à leur tour un nouveau nom et une nouvelle force d'âme).

> « Quand je suis entré, les femmes ont couru à ma rencontre et elles m'ont donnée des coups, en me tirant la barbe et en disant dans leur langue : "*Sche innamme pepike a e*" ; qui veut dire : "je me venge en toi du coup qui a tué mon ami, mort par ceux parmi lesquels tu étais"[54]. »

Aussitôt, il fut vénéré :

> « Ensuite ils me conduisirent du lieu où ils m'ont coupé les cils, jusqu'aux cabanes où ils gardaient leurs *Tamaraka* ou idoles. Ils formèrent un cercle autour de moi, moi restant au centre [...].

---

54 Staden, (1983), chap. 21, p. 88.

Ensuite, les femmes commencèrent à chanter et, conformément à un son donné, je devais frapper le sol avec le pied auquel étaient attachées les sonailles pour qu'elles sonnent en accompagnant le chant[55]. »

Maître de chant et de danse, Hans Staden est promu au rang de chef de cérémonie ! Le mot "danse" est peut-être inadéquat. Chez les Tupi-Guarani, certaines danses sont associées à des pratiques ascétiques, des jeûnes et des prières. Par leur répétition incessante, elles épuisent le corps sans doute jusqu'à ce que l'officiant perde conscience et jusqu'à ce qu'il soit investi d'hallucinations – visions dont on croit qu'elles témoignent des forces "surnaturelles". Il devient alors la demeure des esprits. La danse est peut-être comme le jeûne une pratique mortifère, une marche-à-la-mort. Elle est normalement conduite par le chaman qui veut devenir le siège des Esprits. Maître de danse, le prisonnier n'était-il pas le siège présumé de l'Esprit de la vengeance ?

En tout cas, le prisonnier lui-même considère son statut comme une charge très importante. Il n'est pas un esclave. Si tel était le cas, il pourrait tenter de s'enfuir. Il faut insister sur le fait que le prisonnier ne cherche pas à retrouver la liberté ou la vie mais qu'il accepte son état. Métraux est net à ce sujet, comme tous les commentateurs[56].

Le prisonnier savait qu'il serait tué, il jouissait pourtant d'une entière liberté, y compris d'aller à la chasse, à la pêche, de cultiver son champ dans la forêt, de prendre femme et de fonder un foyer, sachant cependant que ses enfants seraient à leur tour sacrifiés. Jamais il ne profitait de sa liberté pour s'enfuir. Staden cite bien le cas de deux prisonniers qui s'échappèrent au retour de l'expédition à laquelle il participa,

---

55 *Ibid.*, chap. 23, p. 92.
56 Métraux, *op. cit.*, p. 52.

mais c'étaient des "Mameluks", des Maures portugais, aucun Tupi-ninkin[57] ne s'enfuit.

Hans Staden, invité à la fête rituelle qui précédait le sacrifice d'un prisonnier, s'adresse à lui :

> « Quand le moment fut venu de s'enivrer en l'honneur de sa mort, je lui demandai s'il était prêt à mourir, et il me répondit, en riant, que oui, mais que la *mussurana* [la corde de coton qui l'attachait] n'était pas assez longue et qu'il y manquait encore six brasses, ajoutant que je fournirais un meilleur repas, et faisant des plaisanteries comme s'il avait dû aller à une fête[58]. »

Le prisonnier qui se serait échappé aurait détruit la réciprocité de vengeance, il aurait volé aux siens l'"âme de vengeance" à laquelle ils avaient droit. Il aurait ruiné toute la structure sociale qui engendre l'être social des Tupinamba. Il aurait mérité d'être mis à mort ignominieusement par ses propres frères. Claude d'Abbeville précise :

> « Mais aussi ceux de sa nation mesme ne manqueraient pas de le tuer avec mille reproches de ce qu'il n'auroit pas eu le courage d'endurer la mort parmi ses ennemis, comme si ses parents et tous ses semblables n'estoient point assez puissants pour le venger[59]. »

Remarquons que le prisonnier est à mi-chemin entre la mort et le meurtre. Sa mort est différée, mais sa vie aussi puisqu'il renonce à reprendre sa liberté, puisqu'il ne sauve pas

---

57 « *Tupi* » est un radical de la langue *tupi* qui signifie : les descendants d'un même père, *Tupi-nambá,* par exemple, signifierait "les plus anciens", "le peuple ancestral". L'ethnonyme renvoie au dieu suprême de la mythologie tupi-guarani *Tupã,* "Notre Père". *Tupi-ninkin (Tupiniquin)* signifierait "le peuple d'à côté, les collatéraux". (Cf. Wikipedia).

58 Staden, (2005), chap. 36, p. 119.

59 D'Abbeville, cité par Métraux, *op. cit.*, p. 52.

sa vie. Si le meurtrier suspend le meurtre, la victime suspend sa liberté. Ce n'est pas seulement le guerrier vainqueur qui arrête son bras, mais le guerrier vaincu qui attend la mort.

Le prisonnier est l'*intermédiaire* entre la mort et le meurtre, il est *l'unité de la contradiction de l'une et de l'autre*, le centre entre deux termes opposés. Son statut peut donner naissance à une *conscience unitaire* : il pourrait bien être le réceptacle de la "vertu vivifiante" de la réciprocité de vengeance sous une forme nouvelle, non plus divisée entre les guerriers qui se font face, mais ramassée dans une *indivision* qui lui confère une certaine extériorité visible par rapport à chacun d'eux.

Le prisonnier n'est pas l'Esprit de la vengeance. L'Esprit de la vengeance naît quand il est sacrifié. Mais s'il est, comme nous l'envisageons, une expression unitaire du rapport de réciprocité, cet esprit ne pourra être rapporté en propre ni à l'un ni à l'autre des deux pôles de cette relation. L'expression unitaire de la "vertu vivifiante" est préfigurée. Il suffit que le prisonnier soit sacrifié pour libérer cet Esprit de la vengeance. Et il faudra donc que le guerrier s'en empare par des rituels spéciaux.

L'Esprit de la vengeance, au lieu de s'exprimer par le nom de chaque partenaire de la relation de réciprocité, s'exprimera par un titre impersonnel, autonome et sinon métaphysique du moins indivis. Cette autonomie et cette indivision implique que cet Esprit puisse être redistribué à tous ; redistribution qui est une *communion*, une totalisation de la communauté et qui va conférer à la guerre et au sacrifice un caractère collectif.

Il semble bien en effet que cette deuxième matrice de l'être social tupinamba (la première étant la dialectique de la vengeance) dont le prisonnier est l'origine, renforce l'unité collective des Tupinamba. Staden fut le témoin d'une scène qui atteste cette unité : lorsque l'Esprit de la vengeance est acquis par un chaman, il est distribué à tous les guerriers, et lorsque cette âme collective de meurtre passe à l'acte, qu'elle devient un ordre de guerre, la guerre est collective, et ce caractère collectif demeure après la saisie des prisonniers.

> « Cette même nuit, [le chef Konian Bébe] ordonna que chacun conduise ses prisonniers face à la forêt, au pied de l'eau, en un lieu dégagé. Ils se sont réunis et ont fait un grand cercle dans lequel ils ont placé les prisonniers. Ils les obligèrent tous à chanter, tandis qu'ils agitaient les idoles Tamaraka. Quand ils eurent fini le chant, ils ont commencé l'un après l'autre à parler avec audace[60]. »

Cercle, centre, *Tamaraka,* chef, des termes qu'il faut désormais articuler entre eux. Ils indiquent un partage ou une mise en commun, une raison unique, une totalisation de l'Esprit de la vengeance qui s'exprime comme un esprit extérieur aux guerriers, avant que d'être redistribué dans les hochets sacrés.

Comme la puissance de l'Esprit de la vengeance s'accroît avec la succession des sacrifices de prisonniers, la guerre pour faire des prisonniers devient sa structure régénératrice. Mais, d'un autre côté, la possession d'un captif signifie que l'on dispose du moyen d'engendrer l'Esprit de la vengeance, et que l'on est de ce fait invulnérable. Certains Tupinamba en possédaient depuis vingt années. Leur possession suspendait le cycle des vengeances, et leur exécution décidait de la reprise. Garder un captif pouvait donc être un moyen de différer la guerre. Le captif était-il le rempart de la paix... ? Il était exhibé dans les fêtes comme témoin de la puissance dont pouvaient disposer les Tupinamba.

---

60 Staden, (1983), chap. 43, p. 144.

« Posséder un prisonnier était un privilège envié qui justifiait amplement les quelques sacrifices que son entretien exigeait. Un maître se serait plutôt privé de nourriture que de voir son esclave souffrir de la faim[61]. »

Au début de sa captivité, Hans Staden raconte :

« Je ne connaissais pas alors les usages des Indiens comme je les ai appris depuis, et je pensais qu'on allait me tuer, quand je vis arriver mes deux maîtres, dont l'un se nommait *Jeppipo Wasu*, et l'autre, qui était son frère, *Alkindar Miri*. Ils m'annoncèrent qu'ils m'avaient donné, comme marque d'amitié, au frère de leur père, *Ipperu Wasu*, pour qu'il me gardât et me tuât quand je devrais être mangé, ce qui illustrerait son nom ; car l'année précédente, *Ipperu Wasu* avait aussi fait un prisonnier, et l'avait offert par amitié à *Alkindar Miri*, qui l'avait assommé, et s'était rendu célèbre par ce moyen. C'est pourquoi celui-ci avait promis de lui donner à son tour le premier prisonnier qu'il ferait, et ce fut moi[62]. »

Ce témoignage illustre comment la réciprocité négative se double ou se croise avec la réciprocité positive. Après la capture d'un ennemi, à l'extérieur de la communauté, une "conscience de meurtre" est toute prête à s'actualiser mais elle se voit tout à coup retenue, comme suspendue, à un autre impératif qui est pourtant son contraire : l'actualisation d'une "conscience de don", c'est-à-dire d'*amitié*, à l'intérieur de la communauté cette fois : *donné comme marque d'amitié, offert par amitié*, sont les termes de Staden.

Mais plus que de donner un prisonnier, ce que l'on s'offre mutuellement, c'est de pouvoir *illustrer son nom* ou, plus subtilement, une *promesse* de renommée car celle-ci est latente, non actualisée, en "puissance". Autrement dit on s'offre

---

61 Métraux, *op. cit.*, pp. 48-49.
62 Staden, (2005), chap. 22, p. 89.

comme marque d'amitié une *conscience de renommée*, qui ne s'actualisera que lorsque le dernier maître du prisonnier décidera, quelques semaines, quelques mois, quelques années plus tard, de le sacrifier. Et, de ce fait, le cycle est relancé : car en devenant sacrificateur, sa *conscience de meurtre* disparaît et le meurtrier redevient "nouveau-né", mais aussitôt, grâce à la mortification qu'il s'inflige en guise de vengeance ennemie, il acquiert un nouveau nom prestigieux : il "illustre son nom", ce dont témoignera les cicatrices.

Comme dans la réciprocité négative, le meurtre lie les meurtriers, le don, dans la réciprocité positive, lie les donataires : au don (de prisonnier) est promis un contre-don. Les deux formes de réciprocité concourent ici à produire la *valeur* sous l'imaginaire de l'honneur et du prestige.

Laquelle des deux formes de réciprocité l'emporte sur l'autre ? Il apparaît que d'offrir à un ami une *conscience de renommée* permet d'inscrire celle-ci dans un cercle dynamique de reconnaissance mutuelle et fraternelle, forgeant ainsi plus de *sens* au niveau de la communauté. Par ailleurs, la renommée potentielle de l'un se mue en actualisation du prestige de l'autre. Si celui qui donne est supérieur à celui qui reçoit, et que personne ne veut être en reste, chacun redonne *à son tour* un prisonnier : les peuples exaltant la réciprocité négative comme un idéal ont-ils pu aller jusqu'au potlatch de prisonniers ?

En tout cas, chez les Tupinamba, les deux dialectiques du don et de la vengeance s'accordent pour construire non seulement de l'*être* mais de l'*être ensemble*.

IV

L'unité de la communauté et la thèse de Florestan Fernándes

Selon Florestan Fernándes, le sacrifice serait un moyen de renforcer l'unité de la communauté. Le guerrier tupinamba se dévoue à la cause de l'un des siens tué par l'ennemi. Il se consacre à la réhabilitation de ce parent auquel il s'identifie grâce à leur "communauté mystique". L'acte de vengeance est alors subordonné à la responsabilité de chacun vis-à-vis de cette unité mystique :

> « Néanmoins, au fur et à mesure que le tueur se dévouait à la vengeance d'un certain ancêtre ou parent tué par les ennemis, ou qu'il cherchait à satisfaire son désir de "manger de la viande humaine", il incarnait, présomptivement sa "personne". Le processus d'identification, qui avait un fondement mystique, assumait ainsi une expression sociale. [...]
>
> L'acte de vengeance avait peu d'importance, en lui-même, dans les relations des sacrifiants avec les esprits, lesquelles conduisaient à l'objectivation du charisme. La vengeance constituait une obligation imposée par les notions tribales de responsabilité (collective), et son respect, au moyen du sacrifice de la victime, se rattachait au fonctionnement du système tribal de solidarité[63]. »

---

63 Fernándes, *op. cit.,* p. 211.

La restauration de l'intégrité "mystique" aurait sa correspondance dans le réel : lorsque l'identité mystique était renforcée par la vengeance, l'unité du groupe des vivants se trouvait confortée par identification à l'entité mystique.

« La collectivité s'associait au processus de récupération mystique, parce que ce qu'il signifiait pour l'entité surnaturelle, signifiait aussi pour le groupe. Si celle-ci récupérait son intégrité, la collectivité récupérait la sienne. […]

La collectivité avait besoin de participer du processus de récupération mystique, parce que seulement cette participation pourrait lui assurer une autonomie magique devant certain groupe hostile et lui fournir une domination magique effective sur lui[64]. »

Pour Florestan Fernándes, l'anthropophagie n'est pas la redistribution d'une force spirituelle propre à l'ennemi et que le groupe assimilerait en le dévorant. Fernándes montre qu'en aucun cas les Tupinamba ne transfusent ou assimilent l'âme – la valeur de l'ennemi – à leur puissance spirituelle.

« Le "nom" acquis par le sacrifiant ne venait ni directement ni mécaniquement de la victime[65]. »

Comment l'anthropophagie peut-elle signifier la redistribution d'une identité mystique après qu'elle ait été restaurée par le sacrifice ?

L'anthropophagie était la continuation du sacrifice, répond Fernándes, qui permettait à chacun de poursuivre l'exécution, la destruction, dit-il, du prisonnier jusqu'à son terme ultime, et cette destruction radicale était la manifestation d'une prise de pouvoir de toute la communauté

---

64 *Ibid.*, p. 327.
65 *Ibid.*, p. 311.

sur l'ennemi qui à la fois consacrait la défaite de celui-ci et restaurait pleinement l'intégrité de la communauté. L'acte singulier du sacrifiant était accompagné par la participation solennelle de chacun au meurtre que prolongeait le repas cannibale.

> « Le "parent mort" dont l'intégrité est rétablie en conséquence de la récupération mystique, faisait à nouveau partie de "notre groupe", comme membre potentiel de la société des ancêtres mythiques et des aïeux ; l'unité mystique de "notre groupe" se reconstituait, en même temps que celle du groupe hostile se détériorait. L'anthropophagie, en reconduisant les dévorants à l'état d'autonomie magique, leur conférait domination ou pouvoir magique sur la collectivité ennemie. [...]
>
> De sorte que, premièrement le canibalisme tupinamba avait une fonction religieuse : celle de promouvoir une modalité collective de communion directe et immédiate avec le sacré[66]. »

La guerre et la vengeance seraient subordonnées à deux entités : l'unité mystique, l'identité spirituelle du groupe, l'autre surnaturelle, selon les Tupinamba, constituée des âmes retranchées par les meurtres ennemis. Ces deux entités préexisteraient à la réciprocité de vengeance et au sacrifice.

> « Comme forme de relation intertribale, la guerre n'était pas la cause efficace d'un traitement réciproque, mais d'abord l'effet d'une application magico-religieuse du principe de réciprocité. [...]
>
> Les rites de "destruction" des ennemis avaient pour fonction de rétablir les conditions d'eunomie sociale, ce qui se traitait, fondamentalement, à travers deux opérations ; 1) la satisfaction de la nécessité d'une relation sacrificielle des entités surnaturelles ; 2) la reconstitution de l'unité

---

66 *Ibid.*, p. 327.

mystique de "notre groupe". Tandis que la première opération possédait un caractère religieux (ou magico-religieux, conformément à l'interprétation de Frazer), la seconde avait un caractère magique, bien que son fondement fut strictement religieux[67]. »

Ces deux opérations religieuse et magico-religieuse auraient eu donc un but très précis : restaurer et souder l'identité collective du groupe, identité essentiellement fondée par la réciprocité positive, la solidarité.

De même que la théorie fonctionnaliste interprète le mariage comme le moyen de transmettre entre apparentés l'identité du groupe, elle interprète la vengeance comme le moyen de protéger l'identité du groupe voire de la promouvoir.

« Entre ceux-ci, les deux principes caractérisés ci-dessus – la récupération mystique et la redistribution magique – expliquent une partie considérable de l'émergence et de l'actualisation des liens de solidarité sociaux[68]. »

Il y aurait plus qu'un lien de subordination entre le sacrifice et la solidarité du groupe mais un lien direct, causal entre l'un et l'autre : la destruction de la victime serait un acte de solidarité puisqu'elle serait immédiatement une distribution de son corps et puisque cette redistribution permettrait une participation collective aux rites : les observateurs ont tous noté comment femmes et enfants accueillaient le prisonnier par un simulacre de guerre et de vengeance, comment ils partageaient par anticipation le corps de la victime, chacun revendiquant un morceau précis en fonction de son statut social, et comment ils se scarifiaient également après ce simulacre pour acquérir un nouveau nom.

---

67 *Ibid.*, p. 329.
68 *Ibid.*, p. 341.

Florestan Fernándes confère donc au sacrifice et au repas anthropophage un rôle causal. Ils auraient pour effet immédiat de renforcer la cohésion du groupe. La destruction de l'ennemi serait complémentaire de la solidarité car on ne peut s'identifier que par opposition à l'étranger. Il y aurait *opposition corrélative* entre la solidarité du groupe et la destruction de l'autre.

> « De toute façon, deux choses se prouvent par l'analyse interprétative : 1) qu'il y avait une liaison concrète entre les cérémonies de "destruction" des ennemis et le système tribal de solidarité sociale (distribution rituelle du corps de la victime entre parentèles et les obligations en résultant, quant à la manutention de l'esclave et à la compensation fixée) ; 2) la participation elle-même à ces cérémonies constituait une manifestation typique de solidarité sociale, comme réaction collective de défense de l'intégrité du groupe et comme une communion dans une unité sociale d'ordre mystique[69]. »

On imagine aisément, selon cette thèse, que les pratiques magico-religieuses qui auraient pour effet d'isoler chaque groupe dans son unité mystique, puissent renforcer l'hostilité des uns vis-à-vis des autres. Il n'y avait pas d'issue à l'enchaînement de la guerre sauf que chacun était nécessaire à l'autre pour lui fournir des prisonniers. Cette nécessité tempérait peut-être les massacres. Il ne fallait pas anéantir autrui parce qu'il devait toujours procurer des victimes.

Les Tupinamba acceptaient en effet de se contenter de ne faire au cours d'un raid qu'un seul prisonnier. D'autre part, ils gardaient des prisonniers qu'ils sacrifiaient les uns après les autres, ce qui économisait les raids. Les combats et les cycles de vengeance pouvaient ainsi se stabiliser selon un rythme tempéré de réciprocité. Selon cette thèse, la réciprocité de

---

69 *Ibid.*, pp. 342-343.

vengeance est la dernière apparue de toutes les fonctions ordonnées à la promotion de l'identité spirituelle et physique du groupe. La réciprocité vient équilibrer les meurtres dans l'intérêt bien compris des uns et des autres. De même qu'elle gère les échanges de femmes dans le groupe selon l'intérêt de chaque groupe, la réciprocité gère les meurtres avec l'ennemi de façon à ce que la guerre ne conduise pas à un déséquilibre mortel entre les différentes communautés.

Florestan Fernándes propose l'idée que chaque communauté tupinamba dépendait pour survivre de la solidarité de ses membres. Cette solidarité collective aurait engendré l'"unité mystique" du "Notre Groupe", un *Tout* indivisible et indestructible. Ensuite, lorsque l'ennemi portait atteinte à cette identité par un meurtre, la récupération de la vie retranchée était indispensable, d'où la vengeance.

Cette thèse implique qu'il existe une autre entité imaginaire, distincte de l'unité mystique et purement surnaturelle, constituée des victimes impatientes de réintégrer le corps "mystique" du groupe. Florestan Fernándes propose donc une distinction entre un monde imaginaire (et pour les Tupinamba "surnaturel") où se retrouvent les esprits des défunts – esprits avec lesquels les chamans ont un commerce religieux –, et d'autre part une réalité mystique de la communauté (le "réel", pour les Tupinamba) grâce à laquelle les vivants s'identifieraient aux défunts pour les venger. Le surnaturel des Tupinamba ne contient que les esprits tués par l'ennemi, assoiffés de vengeance. Le "mystique" inclut tous les membres du groupe, vivants et défunts. Avec les uns, on communique par magie, avec les autres par religion.

Le souci d'intégrité de l'unité mystique conduit donc logiquement à l'apparition de deux fonctions privilégiées : l'une dite magique qui assure la communion mystique du groupe, l'autre dite religieuse qui assure la communication avec le surnaturel.

Alfred Métraux confirme :

« Il est certain que les esprits exigeaient que des victimes fussent sacrifiées. Les hochets sacrés (maraca) étaient le siège des esprits. Or, ces hochets, lorsqu'ils étaient consacrés, "demandaient par le truchement des devins que les hommes aillent à la guerre pour capturer des ennemis car les esprits contenus dans les hochets avaient envie de manger de la chair des captifs" (cf. Staden)[70]. »

UNE AUTRE INTERPRÉTATION

Mais faut-il partir des esprits pour expliquer les sacrifices, ou bien des sacrifices pour expliquer les esprits ?

La thèse de Florestan Fernándes soulève d'autres questions : si l'anthropophagie est une destruction ultime de l'adversaire, pourquoi le prisonnier revendique-t-il sa mort comme un suprême honneur ? Peut-il se contenter de l'assurance qu'il sera vengé à son tour ?

Staden, qui assista à la première cérémonie rituelle consécutive à un raid guerrier, rapporte ce dialogue :

« Vous nous avez vaincus et enfermés, mais cela nous est égal. Les courageux meurent en terre des ennemis ; la nôtre (gent) est encore grande et les nôtres nous vengeront en vous ![71]. »

---

70 Métraux, *op. cit.,* p. 70.
71 Staden, (1983), *op. cit.,* chap. 43, p. 144.

Il est fait allusion d'abord au prestige que donne au guerrier le fait de mourir par le sacrifice, et en second lieu, seulement, à la satisfaction d'être un jour vengé. Le prisonnier revendique même la mort.

> « Il n'y a qu'une seule chose qui soit capable de l'affliger, principalement si c'est un grand guerrier : sçavoir est si celuy qui le doit massacrer n'a pas encore esté à la guerre, et si ce n'est point un *kerembaue* et *Tetanätou* (qu'ils appellent), c'est-à-dire un homme belliqueux, vaillant et grand guerrier comme luy, cela le fait désespérer et est infiniment fasché, estimant que c'est un grand affront qu'on luy fait et le plus grand des deshonneur qui luy puisse arriver : Mais quand il voit que c'est un brave guerrier, un *Kerembaue* et un *Tetanätou* ou *Taüäyue* qui vient pour le meurtrir et l'assommer, il ne se soucie point de mourir et croit que ce luy est un grand honneur[72]. »

Le prisonnier est donc certain que la mort métamorphose sa vie réelle en valeur spirituelle sinon même en l'Esprit de la vengeance. Selon le principe de la conjonction entre le réel et l'imaginaire, que nous avons commentée jusqu'ici, le sacrifice engendre un esprit, et celui-ci appartient au prisonnier. Le prisonnier en mourant se métamorphose en Esprit de la vengeance. C'est en tout cas ce qu'il affirme dans le témoignage de Staden : *les nôtres nous vengeront en vous...*

Pour le sacrificateur, au contraire, le sacrifice est un acte, un meurtre qui, si nous lui appliquons nos catégories, doit être immédiatement conjoint à une conscience antagoniste, une "mort" dans l'imaginaire. Cette mort imaginaire, "sentiment de mourir" ou encore "perte d'une âme", passe à son tour à l'acte : d'où la *mortification* du sacrificateur.

---

72 D'Abbeville, cité par Métraux, *op. cit.*, p. 63.

Le sacrificateur est soumis aux mêmes lois que le guerrier meurtrier d'un ennemi. Sur ce point, les témoignages sont formels. Il se scarifie comme le meurtrier, jeûne, prend le deuil et obtient ainsi une nouvelle âme de puissance supérieure à l'ancienne.

Cependant, l'âme obtenue par la mortification du sacrificateur correspond au sacrifice du prisonnier, et non pas seulement au meurtre de l'ennemi. La différence est importante. Le prisonnier est le réceptacle de l'être social de la réciprocité de vengeance dans son unité, dans sa totalité. Le sacrifice n'est pas un meurtre ordinaire, il est le meurtre de celui qui est le réceptacle de l'être social tupinamba sous une forme indivise et non plus divisée.

Le sacrifice du prisonnier est donc au principe de l'Esprit de la vengeance. L'Esprit de la vengeance est un esprit "autonome" mais aussi collectif, indépendant du nom des guerriers. Pour la communauté ou son représentant, il faut encore se l'approprier, éviter qu'il ne s'enfuie et ne soit récupéré par le clan ennemi. On entre ici dans la sphère chamanique dont Staden dit seulement qu'elle était constituée de nombreuses cérémonies "curieuses", et sur lesquelles malheureusement l'information est extrêmement réduite.

Seraient-ce ces rites mystérieux qui auraient laissé l'impression que les Tupinamba avaient peur de l'Esprit de la vengeance ? Auquel cas, il y aurait là une nouvelle raison de la contradiction des religieux et des chamans. Les Tupinamba s'opposeraient à ce que l'Esprit né du sacrifice humain puisse se constituer en "toute-puissance" hors de l'homme. Pour les chamans, cet Esprit-là, il convient de s'en emparer avant qu'il ne se constitue en pouvoir absolu, laissant l'homme vide de "vertu vivifiante"… Au fond, il n'était pas question de laisser l'Esprit pur de la vengeance s'échapper hors de ses contingences humaines, non seulement parce qu'il aurait régné sur l'homme et sur la nature de façon despotique, mais parce que l'homme tupinamba veut être le réceptacle d'un tel esprit souverain, veut même devenir cet esprit souverain.

Le corps du prisonnier est dévoré par tous. Fernándes a raison de souligner que cette dévoration est une destruction totale. Une fois le corps du prisonnier détruit et consommé, il est impossible à l'Esprit de la vengeance de retrouver un réceptacle qui lui appartienne. Il est privé de demeure, et désormais les chamans peuvent le capturer. Mais Staden ne dit rien sur la façon dont ils s'en emparent pour leur compte sinon que seuls des personnages hors du commun peuvent y prétendre et procéder ensuite à sa redistribution.

Le chaman est un être à part qui néanmoins doit pouvoir communiquer sa puissance à tous. On sait qu'il emprisonne l'Esprit de la vengeance dans des calebasses, probablement des fac-similés de la tête humaine puisqu'il y dessine une bouche par où il fait entrer de la fumée de tabac (peut-être l'équivalent de la fumée du sacrifice) en même temps que des paroles sacrées.

Sans doute faut-il, pour interpréter ces calebasses-têtes, interroger d'autres traditions comme celles des réducteurs de têtes, pour qui la tête de l'ennemi devient le réceptacle de l'Esprit de la vengeance. Chez les Jivaros, par exemple, les têtes ennemies sont utilisées comme pièges pour capturer l'Esprit de la vengeance, car lorsqu'il reconnaît son habitacle naturel, l'Esprit de la vengeance vient s'y loger. Aussitôt, les Jivaros ferment tous les orifices. L'Esprit de la vengeance est désormais à eux[73].

---

73 Cf. Harner, *op. cit.*

Si l'on ignore le rite de la capture chez les Tupinamba, la distribution de l'Esprit de la vengeance aux guerriers par le chaman qui l'a capturé est par contre illustrée par les précieuses descriptions de Hans Staden :

« Ils croient en une chose qui pousse comme une courge. Ils font ensuite un trou en forme de bouche et mettent de petites pierres à l'intérieur pour qu'elle sonne. Ils font sonner ceci quand ils chantent et dansent, et ils l'appellent *Tamaraka* […]. Seulement les hommes en ont, chacun a le sien.

Il y en a parmi eux qu'ils appellent *Paygi* [*Payé*], qui sont considérés entre eux comme nous faisons des devins. Ceux-ci parcourent une fois par année tout le pays, de cabane en cabane, en assurant qu'ils ont avec eux un esprit qui vient de loin, de lieux étranges, et qui leur a accordé la faculté de faire parler tous les *tamaraka* qu'ils veulent et le pouvoir d'obtenir tout ce qu'on leur demande. Chacun prétend alors que ce pouvoir vient par son hochet, on fait une grande festivité, avec des boissons, chansons et prophéties, et ils pratiquent beaucoup de cérémonies curieuses. Ensuite, les devins fixent un jour pour une cabane, qu'ils ordonnent d'évacuer, et aucune femme ni enfant ne peut rester là à l'intérieur […]

Quand ils sont déjà tous réunis, lui-même prend les *tamaraka* un par un, les parfume avec une herbe appelée *Bettin* [le tabac]. Ensuite, il porte le *tamaraka* à sa bouche, l'agite et lui dit : "Ñeë *kora,* parle maintenant et laisse-toi entendre, es-tu là à l'intérieur ?" ; […]

Ensuite, les devins leur ordonnent qu'ils aillent à la guerre et qu'ils rapportent des ennemis, parce que les esprits qui sont dans les *tamaraka* souhaitent manger de la viande de prisonniers ; on va alors à la guerre.

Une fois que le devin *Paygi* a transformé en idoles tous les hochets, chacun prend son hochet, l'appelle son cher fils, et il lui fait une petite cabane dans laquelle il doit demeurer. Il lui donne un repas et lui demande tout le nécessaire, comme nous faisons avec le véritable Dieu ; ceux-ci sont ses dieux.

Du Dieu vrai qui a créé le ciel et la terre ils ne se préoccupent pas et croient que c'est une chose très naturelle que le ciel et la terre existent. Ils ne savent non plus rien de spécial sur le début du monde[74]. »

"Ñeë Kora", l'expression ressemble trop à celle des Mbyá-Guaraní : *"Ñe'ë Porã"*, pour ne pas la traduire selon les indications de León Cadogan :

« *Ñe'eng, ñe'ëy* : en guarani commun *ñ'e* signifie langage humain, s'appliquant aussi au chant des oiseaux, au crissement de certains insectes, etc. ; *Ñe'ë Porã Tenonde* signifie : les premières belles paroles, v. g. les traditions et mythes "esotériques", bien que pour désigner ces derniers, on emploie plus souvent la phrase *Ayvú Porã*. [...]

Il a cependant un autre signifié, v. g., celui de "partie divine de l'âme" ou "parole-âme", et dans ce cas est prononcé *ñe'eng*, avec le son du *'ng'* final anglais ou allemand, suivi d'une très brève nasale. *Ñe'eng* est l'esprit que les dieux envoient pour s'incarner dans l'enfant prêt à naître[75]. »

Les chamans transmettent à la bouche des calebasses-têtes le souffle des paroles sacrées de l'Esprit de la vengeance. León Cadogan traduisait "portion de l'âme divine" ou "âme-parole" sans doute parce qu'à l'origine l'être social né de la réciprocité n'appartient à personne, que l'âme divine est l'expression de l'être qui naît entre les uns et les autres, de l'être qui naît de leurs relations mutuelles de dons ou de vengeances.

---

74 Staden, (1983), chap. 22, pp. 200-201.
75 Cadogan, *op. cit.*, p. 25.

Mais il qualifie cette âme de "divine" peut-être pour une autre raison : il ne s'agit plus de l'âme singulière, du nom du guerrier, du *Jaguar*, mais de l'expression unitaire de l'être social. Cet Esprit de la vengeance, né du sacrifice, est ici collectif, le même pour tous les membres d'une communauté de parenté ou d'alliance. Il est partagé, réparti par le chaman dans les *Tamaraka* de chacun des membres du groupe, d'où l'expression de Staden de "dieux" (au pluriel) *"ceux-ci sont ses dieux"*, et celle de León Cadogan "portions de l'âme divine".

V

La théorie de la réciprocité et la tradition Tupinamba

Les deux Paroles chez les Tupinamba

L'expression de l'être social tupinamba se trouve dès l'origine tributaire de l'un ou l'autre de deux principes différents : ou une *opposition*, qui donne à chacun des guerriers un "nom propre" ; ou une *union*, qui lui donne une expression commune mais impersonnelle. Nous avons appelé ailleurs ces deux Paroles[76] – d'opposition et d'union – *Parole de complémentarité* et *Parole de contradiction*.

Par le sacrifice, c'est une seule âme qui est engendrée. Elle est particulièrement "surnaturelle" puisqu'elle ne peut se ramener à la conscience propre d'aucun des partenaires de la réciprocité. L'être social s'isole dans une conscience unitaire au point qu'il faut la nommer, il faut lui donner un nom qui signifie son absoluité. Et Cadogan de l'appeler donc l'âme divine, et Staden de l'appeler Dieu car pour Staden si l'on retire ce qui à ses yeux fait la supériorité du "vrai" Dieu, et qui

---

76 Cf. Dominique Temple, *Les deux Paroles* (2003), Collection *réciprocité*, n° 3, 2017. Lire aussi « Communauté et Réciprocité » (2000), en ligne sur le site de l'auteur.

65

résulte d'une considération d'ordre métaphysique, *on ne sait rien du monde* :

> « Du Dieu vrai qui a créé le ciel et la terre ils ne se préoccupent pas et croient que c'est une chose très naturelle que le ciel et la terre existent. Ils ne savent non plus rien de spécial sur le début du monde[77]. »

L'analogie avec le Dieu chrétien est possible, une certaine analogie… *comme nous faisons avec le véritable Dieu, ceux-ci sont leurs dieux.*

Mais aussitôt, il redéfinit cette équivalence. Le Dieu tupinamba est repoussé dans les ténèbres car il est clair que ce Dieu reste prisonnier de la réciprocité négative. C'est donc un Dieu qui n'est pas totalement délivré de la nature et qui de surcroît se nourrit de mort.

> « Quand je me suis trouvé pour la première fois entre eux et qu'ils m'ont conté cela, j'ai cru que ce pouvait être un fantôme du diable, parce qu'ils m'avaient conté de nombreuses fois que ces choses parlent. En pénétrant dans les cabanes où étaient les devins qui devaient faire parler ces choses [les hochets sacrés], on devait tous s'asseoir. Mais quand je me suis rendu compte de l'astuce, je suis sorti de la cabane et j'ai pensé : "Quel peuple pauvre et égaré"[78]. »

De León Cadogan et Hans Staden retenons ce caractère de l'âme divine d'être la propriété de tous car elle est redistribuée à tous les guerriers à partir d'un centre unique. Cadogan parle de "portions" de l'âme divine, et Staden décrit minutieusement comment le chaman diffuse la fumée du sacrifice et le souffle de la parole dans les *Tamaraka* des guerriers. Cette communion est l'actualisation de la *Parole d'union.*

---

77 Staden, (1983), chap. 22, p. 201, cité *supra,* p. 62.
78 *Ibid.*, p. 202.

De Staden retenons encore la contradiction entre Dieu et Démon. Elle confirme que la perception de l'Esprit à partir de la réciprocité négative rendait inacceptable de le concevoir comme séparé de l'homme. Pour les Tupinamba, bien qu'autonome le divin doit être enchâssé dans la nature des meurtres et ne peut pas en être séparé, ou plutôt il doit être capturé car sinon l'homme serait privé d'être. Pour les religieux chrétiens, l'inacceptable vient de ce que le divin ne pourrait être perçu par les Tupinamba comme autonome que par une forme de réciprocité meurtrière.

LE MARIAGE DU PRISONNIER

Les Tupinamba, nous dit Alfred Métraux, ne se contentaient pas de garder des captifs et d'avoir pour eux des égards, ils les adoptaient aussitôt comme gendres ou beaux-frères. Chaque captif recevait pour femme la veuve d'un guerrier tué et sinon la fille ou la sœur de son vainqueur. On s'attendrait à ce qu'une veuve n'ait que souci de vengeance. Or elle épouse le meurtrier présumé de son mari ! Il faut donc envisager l'idée que le mariage puisse être l'équivalent de la vengeance.

L'alliance matrimoniale produit aussi un être social qui porte nom d'humanité, mais *dans* le groupe, définie par une limite que Lévi-Strauss appelle "l'endogamie vraie". La réciprocité de vengeance avec l'ennemi engendre une humanité qui transcende l'unité du groupe, franchit la limite des alliances traditionnelles, apparaît *entre* les groupes. Un mariage avec le prisonnier permet donc à la réciprocité d'alliance de faire jeu égal avec la réciprocité de vengeance.

Les Tupinamba s'empressaient de marier le captif aussitôt son arrivée dans la communauté. N'entendaient-ils pas redoubler la réciprocité de vengeance de cette autre forme de réciprocité, l'alliance matrimoniale, qui était ainsi rehaussée au même niveau ?

Les deux imaginaires de la réciprocité négative et positive se trouvaient ainsi conjoints à égalité. Le caractère contradictoire de cette conjonction ne serait pas pour nous surprendre : l'esprit qui en naîtrait serait délesté de toute image positive ou négative, il serait transparent, comme infini, et *tout-puissant* puisque ramassant dans son être la possibilité de l'alliance et de la vengeance.

Pourtant, le mariage n'assure pas l'intégration du prisonnier au point de suspendre le sacrifice. Il est donc peut-être un équivalent de la réciprocité de vengeance, mais l'est-il du sacrifice lui-même ? L'enfant du prisonnier, censé appartenir au clan ennemi puisque les Tupinamba sont patrilinéaires, mais qui pourrait être célébré comme le fils des deux communautés, cet enfant est également mis à mort.

Le sacrifice s'impose à la relation de réciprocité d'alliance inter-groupes. Il apparaît ici comme quelque chose de plus que la forme unitaire de la réciprocité de vengeance. Il unit en effet la réciprocité de vengeance et la réciprocité d'alliance dans un seul acte. La tendance à "l'unité de la contradiction" intéresse désormais la contradiction de la réciprocité négative et de la réciprocité positive.

Mais pour réaliser une telle unité, il faudrait d'abord que soit reconnue la forme unitaire de la réciprocité d'alliance, et que celle-ci puisse s'interpréter comme sacrifice. En quoi le sacrifice peut-il être au préalable une forme unitaire de la réciprocité positive, qui puisse à son tour être unie à la forme unitaire de la réciprocité négative ?

Peut-être le sacrifice est-il aussi la forme unitaire du don ! L'on imagine toujours le don comme le don à quelqu'un, à un donataire, qui à son tour devient donateur. La réciprocité des dons fait intervenir deux donateurs comme la réciprocité des meurtres deux meurtriers. Mais que pourrait être une forme unique de don entre deux partenaires sinon la consommation de leurs dons sur un autel commun, c'est-à-dire leur consumation gratuite ? Là émergerait une forme unique de l'être social de l'alliance. Cette forme de don n'est-elle pas l'offrande ?

Le fruit de l'alliance n'est-il pas cet enfant qui devrait donc être donné de part et d'autre, donné par les deux clans pour engendrer la forme unique de l'être ? Et le fruit de l'alliance, l'enfant, ne représente-t-il pas la réalité unique de l'être de l'alliance, tout comme le prisonnier la réalité unique de l'être de la réciprocité négative ? Comment dissocier dès lors cette offrande du sacrifice lui-même ? Le sacrifice de l'enfant du prisonnier ne serait-il pas à la fois le sacrifice du prisonnier et le don absolu, l'offrande ?

Alors le sacrifice prend toute sa portée comme "Parole de contradiction" ou "Parole d'union" qui rassemble dans son unique signifiant la totalité de l'être social né de toute forme de réciprocité.

LE "*PAYGI*"

Comme dépositaire de l'Esprit de la vengeance, le chaman[79] est non seulement source de vengeance, mais il n'est à la limite que vengeance, vengeance pure. Il est confiné dans son pouvoir, d'autant plus isolé que logiquement il est à l'abri de toute agression ennemie (du moins tant qu'il sera présumé posséder l'Esprit de la vengeance).

Le chaman est donc hors-société, entouré d'une aura d'invincibilité et de respect religieux. Hans Staden observe que les *paygi* viennent une fois l'an seulement, et prétendent disposer d'*un Esprit qui vient de loin, de lieux étranges*. Ils viennent exceptionnellement pour consacrer, au cours de cérémonies "curieuses", les *Tamaraka* des guerriers. Voilà qui indique une structure complexe et hiérarchisée des Tupinamba sur laquelle nous n'avons pas d'information.

Dans la littérature coloniale, il est fait souvent référence à des chamans-prophètes (les *karaí*) comme à des chamans solitaires, craints et respectés qui pouvaient intervenir dans les affaires des communautés pour ordonner des événements importants comme la guerre ou l'exode. Sans doute les *karaí* de cette époque, qui doivent faire front au traumatisme de la colonisation, tirent-ils leur inspiration en partie des références des religieux chrétiens dont ils constatent les succès, mais plus certainement encore de la tradition de ces *paygi*.

En même temps que retirés de la communauté par leur contact avec la vie surnaturelle, les *paygi* sont périodiquement les "centres" d'une communion, d'un partage. Ils convoquent

---

79 Le terme qui renvoie à la notion de chaman a été orthographié différemment selon les traductions : *paygi, payé* ou *pajé.*

des communautés alliées à des fêtes considérables pour le sacrifice d'un prisonnier. En ces occasions, ils diffusent le pouvoir qui leur est propre – la puissance de meurtre – comme des "portions" de l'âme "divine", mais des parts qui possèdent chacune la totalité de l'information de l'Esprit de la vengeance : faire des prisonniers pour le nourrir.

Comment imaginer la formation du *paygi* ? Il est sans doute, avant d'être chaman, le plus grand des guerriers, et peut-être aussi le plus grand des donateurs. Il associe et confond l'être social de la réciprocité des dons et l'être social de la réciprocité de vengeance dans une totalité supérieure. Alors il peut devenir le héraut de la communauté. Par la *Parole d'union* – parole religieuse – il distribue une valeur indivise. Cette communication est plutôt un partage ou mieux encore une communion ; elle a lieu sous la forme de répartition de puissances de meurtres, puissances de meurtre qui enchaînent les Tupinamba à la guerre contre les ennemis désignés.

Alors s'expliquent les observations de Florestan Fernándes. Celui-ci a plaidé avec tant de force l'idée de deux types de communications chamaniques, religieuse/magique et mystique/magique, qu'il faut se demander si ces catégories sont nécessaires à la théorie fonctionnaliste ou bien si l'idéologie fonctionnaliste s'adapte à des réalités dont l'intuition du chercheur a reconnu et tenté d'interpréter la prégnance.

Il y a bien, en effet, une *union mystique* communiquée par le chaman aux guerriers : cette union mystique trouve sa source dans le sacrifice, elle est actualisée par la parole chamanique et la communication du souffle de l'âme divine dans les *Tamaraka*.

Il y a bien également un monde *surnaturel,* au sens ici des Tupinamba, et que nous avons appelé l'*imaginaire.* L'âme de meurtre du guerrier n'est pas sa vie biologique ni sa vie affective mais une conscience indépendante qui vient d'un ailleurs et repart ailleurs. La forme unitaire de l'être social né de la réciprocité de vengeance, qui n'appartient à aucun des protagonistes de la réciprocité, met en relief davantage encore ce caractère *surnaturel.* Il faut, pour la maîtriser, des rites spéciaux, les pratiques "religieuses" de Fernándes.

Il y a bien quelque chose de l'ordre de la *communion* : la redistribution chamanique soude tous les guerriers dans l'allégeance au même principe de l'âme unique et "divine".

Il y a aussi une *corrélation* entre la forte identification de la communauté à cet Esprit de la vengeance et la détermination de tous les guerriers à la guerre, car cette âme unique a besoin pour vivre de la reproduction du sacrifice, et donc de la guerre pour se procurer des prisonniers. Que l'on se souvienne de la force avec laquelle l'âme "divine" exige son passage à l'acte d'après Staden :

> « Ensuite, les devins leur ordonnent qu'ils aillent à la guerre et qu'ils rapportent des ennemis, parce que les esprits qui sont dans les tamaraka souhaitent manger de la viande de prisonniers ; on va alors à la guerre[80]. »

Florestan Fernándes imaginait que les Tupinamba étaient en position de faiblesse vis-à-vis de la nature, qu'ils s'entraidaient pour faire face à l'adversité. Dès lors, leur identité commune se renforcerait de l'hostilité vis-à-vis de groupes concurrents, leur unité exigerait réparation de toute agression et la vengeance permettrait de récupérer l'identité perdue, enfin l'équilibre des groupes serait la meilleure solution pour que chacun conserve son identité.

---

80 Cité *supra.*

Fernándes déroule ainsi une évolution linéaire mais qui repose sur un préalable fragile. À l'origine, rien ne prouve que les Tupinamba sont en position d'infériorité vis-à-vis de la nature. L'observation des groupes amérindiens que l'on connaît aujourd'hui montrerait plutôt l'inverse : l'homme s'est adapté à son milieu naturel et en tire largement sa subsistance. On plaiderait plus aisément l'idée qu'une communauté de réciprocité est une communauté d'abondance, que le contraire. Mais que la réciprocité des dons ne soit pas motivée par la nécessité n'infirme peut-être pas les séquences suivantes de l'évolution proposée. On peut imaginer que les Tupinamba désirent protéger l'unité mystique issue de la réciprocité positive. Quelle que soit l'abondance obtenue par la réciprocité des dons, celle-ci trouve en effet une limite par la pression démographique sur un territoire donné, par exemple, ou pour toute autre raison. On peut imaginer que la compétition commence à la frontière de la réciprocité positive. Le biface de Florestan Fernándes : *solidarité interne/vengeance externe* demeure plausible. La vengeance protégerait donc la solidarité.

Le problème est de comprendre comment se forme l'identité mystique. Peut-elle être déterminée par des raisons matérielles, que ce soit l'abondance ou la nécessité ? Comment un sentiment de soi comme transcendance de l'être sur la nature pourrait-il avoir pour cause principale la nécessité de s'assembler pour survivre ou le bonheur de festoyer ?

S'assembler pour survivre ou festoyer peuvent être les motivations de nombreuses sociétés animales. Et chez l'homme, ni l'abondance ni la nécessité ne nous semblent pouvoir déterminer une évolution sociale qui conduise à un sentiment mystique. Ce qui nous paraît premier est la reconnaissance de l'humanité comme fondement de soi et de l'autre, et cette reconnaissance requiert une structure fondamentale ; nous avons montré que cette structure est la réciprocité, une réciprocité qui implique que l'autre ne soit pas l'identique, auquel cas tout dialogue est inutile, et qu'il ne soit pas non plus l'étranger avec qui tout dialogue est impossible, mais qu'il soit l'identique qui devient différent ou l'étranger qui devient l'allié. Il faut que la réciprocité s'équilibre autour d'une distance moyenne entre le lointain et le prochain. Lorsque la bonne distance entre l'un et l'autre est réalisée, on voit apparaître un juste milieu, la "vertu vivifiante".

Mais aussitôt qu'il peut traduire la "vertu vivifiante" par la parole, l'homme est soumis au *principe de non-contradiction* à la base de toute communication, et là se pose un nouveau problème : par quelle non-contradiction peut-il exprimer l'être social né d'un rapport à l'autre, intermédiaire entre l'un et l'autre, contradictoire entre l'identique et le différent ?

Deux solutions sont logiquement possibles : *l'unité de la contradiction* ou *l'opposition corrélative*. Ou bien un centre homogène qui rassemble dans son unité l'être social né entre soi et l'autre, ou bien au contraire deux expressions opposées qui enferment la même entité dans leur dualité : *Parole d'union* ou *Parole d'opposition*.

S'il choisit la "Parole d'opposition", l'homme se définit par une dualité – la paix et la guerre – mais un seul terme doit mouvoir la dialectique : la paix ou la guerre. Si c'est la paix, apparaît la *dialectique du don*, et la réciprocité positive l'emporte pour devenir la matrice de l'être social. Sinon, la guerre, la *dialectique de la vengeance* et la réciprocité négative. L'homme noue des relations de réciprocité par le don si le don est possible, sinon par la mort.

S'il utilise la "Parole d'union", alors il sacrifie.

Ce repas de communion est interprété par Florestan Fernándes comme une destruction finale de l'ennemi, une récupération de la substance spirituelle du mort vengé, enfin comme une redistribution de la substance spirituelle de l'être mystique du groupe restauré.

L'idée d'une destruction totale de l'ennemi se confortera d'une analogie avec la consommation. La consommation d'une proie est l'objectif de la chasse. On ne confondra pas le fait de consommer une proie et le fait de donner de la nourriture comme le fait d'allaiter, qui n'est pas consommer mais le contraire : donner à consommer, distribuer. Néanmoins, le sacrifice peut être comparé avec la réciprocité des dons. Pour le donataire, il est nécessaire de consommer le don car toute activité qui dénaturerait le sens du don, tel que l'échange ou l'investissement en vue d'un profit, détruirait le lien d'âmes, ferait injure au sens du don, à l'esprit du don. Or, le don est très généralement don des vivres, et la consommation du don devient la consommation même.

Dans le sacrifice, il est nécessaire de tuer le prisonnier pour donner naissance au lien d'âmes, de la même façon qu'il est nécessaire de consommer le don ou la nourriture pour que naisse le lien d'âmes. *"Voici votre nourriture qui arrive"* signifie autant la destruction de l'ennemi, afin que l'esprit du sacrifice ne retrouve pas sa dépouille pour en faire son tabernacle, que la volonté de consommer le meurtre pour faire advenir le lien d'âmes comme dans une perspective de réciprocité de dons. Le prisonnier est comparé à la nourriture distribuée par un donateur. On ne saurait mieux dire l'équivalence du don et de la mort dans les deux cycles de réciprocité.

On peut aussi voir dans la vengeance chez les Tupinamba le développement d'une dialectique. En particulier l'invention du simulacre de la vengeance ennemie, la mortification, permet à chaque Tupinamba de se libérer d'une relation de symétrie vis-à-vis d'autrui. Après avoir tué un ennemi, il suffit de s'infliger soi-même la mortification rituelle pour devenir un grand guerrier. Nous avons vu dans cette pratique une forme d'individuation de l'être de la vengeance.

Par ailleurs, le sacrifice permet à chaque communauté d'être collectivement dépositaire de l'Esprit de la vengeance, et par conséquent de s'isoler vis-à-vis des autres communautés, qui deviennent des pâtures à prisonniers. La distance entre les communautés s'accroît jusqu'à devenir indifférence. L'autre est l'ennemi, mais il n'est plus frère. L'identité a disparu ou presque. Or, la réciprocité exige que l'autre ne soit pas un étranger total, un inconnu indifférent. Une telle radicalisation dans la différenciation suggère donc une phase antithétique d'union, de communion, d'identification voire, pour atteindre aussi l'extrême dans l'autre sens, de fusion.

Déjà cette nécessité se faisait sentir au travers du mariage du prisonnier immédiatement célébré avec une femme ou une fille du meurtrier ou l'une des veuves. Après le paroxysme du meurtre, s'ensuit un paroxysme inverse qui vient l'équilibrer. Cette phase fusionnelle semble s'exprimer par le repas anthropophage. Le repas de communion équilibrerait le sacrifice, comme le mariage du prisonnier équilibre la réciprocité de vengeance. En même temps que la destruction de la victime, l'anthropophagie pourrait signifier son incorporation, sa fusion dans la même identité intercommunautaire. Dans cette thèse, l'anthropophagie serait l'union rendue nécessaire par l'exacerbation de l'isolement d'un groupe vis-à-vis de l'autre.

Mais peut-être peut-on donner de l'anthropophagie des Tupinamba une raison plus profonde. Il faut, pour que la conscience et la parole naissent entre les hommes, que la perception conjointe à tout acte biologique soit relativisée au sein de la réciprocité. Un premier procédé, que nous avons longuement illustré, consiste à redoubler chaque perception d'une perception antagoniste. La réciprocité permet ce redoublement au cours duquel naît le *sens* et la *parole*.

Mais peut-être existe-t-il un autre moyen, plus approprié lorsque la réciprocité est collective, qui serait d'empêcher que l'action et la perception qui l'accompagne ne puissent se réaliser totalement. En fait, le repas anthropophage qui anéantit le cadavre, comme l'a vu Florestan Fernándes, détruit davantage encore, il détruit même la mort car la consommation de la chair la transforme en vie ; c'est-à-dire qu'elle la retourne en son contraire avant même qu'elle ne puisse disparaître dans la nature.

La consommation de la chair est une manière d'associer vie et mort, comme le prisonnier était une manière de suspendre vie et mort. Dès lors, l'Esprit de la vengeance ne s'évanouit plus pour ceux qui sacrifient au profit de ceux qui sont sacrifiés, mais il reste entre les uns et les autres un pur esprit, qui peut être maîtrisé par les *Paygi*.

Dans les termes imagés des Tupinamba, on fait disparaître le cadavre en le mangeant pour que l'Esprit de la vengeance ne puisse s'y enfermer. On sépare la mort réelle de son image (de meurtre) en la faisant disparaître. L'Esprit de la vengeance est désormais en quête de son visage, et on peut le capturer en lui offrant un corps de substitution (les têtes-calebasses).

La réciprocité de vengeance d'une part et le sacrifice d'autre part contribuent sans doute à la genèse de l'être social des Tupinamba. L'une comme matrice de l'âme de vengeance personnelle, matrice du nom propre, puis avec la reproduction du cycle, de la renommée individuelle. L'autre, comme matrice de l'âme générique de l'Esprit de la vengeance.

Le guerrier reconnaît l'être sous deux aspects : une âme singulière, gravée sur son corps avec les *incisions*. L'autre aspect est l'Esprit de la vengeance. Du sacrifice jaillit un souffle unique, tout-puissant que seul le *paygi*, le chaman sacrificateur, maîtrise au nom de tous. Ce souffle est parole religieuse, et cette parole contient l'ordre, déjà présent dans le nom de chaque guerrier, de la vengeance non plus sous forme de meurtre de l'ennemi mais sous forme du sacrifice du prisonnier.

L'Esprit surnaturel, enfermé dans ces tabernacles de la vengeance que sont les calebasses consacrées, communique aux Tupinamba la vie "divine". On pourrait dire que l'Esprit surnaturel qui a pris siège dans le sacrifice communique à chacun son essence. L'être divin parle et ordonne la reproduction des conditions de sa naissance. Les consciences se succèdent, se perdent et se gagnent alternativement tandis que la "vertu vivifiante", la puissance d'être du guerrier, s'accroît sans cesse. Aussi, les âmes individuelles ont-elles une vie propre tout comme l'âme divine de la vengeance, indépendante en quelque sorte du guerrier.

La pratique collective du sacrifice ouvre droit à la communion avec l'Esprit engendré. La part de l'Esprit qui revient à chacun, la force spirituelle distribuée par les *paygi*, ne pourrait-elle pas être appelée la *grâce* tupinamba ? La participation aux structures de réciprocité négative et aux rites sacrificiels, la *foi* tupinamba ?

Pour revenir aux *deux Paroles*, il semble que les statuts qui en dérivent aient été distincts chez les Tupinamba. Le chaman, remarque Staden, venait avec ses officiants consacrer les *hochets sacrés* une fois l'an. Il venait d'un *ailleurs*. Il était sans doute à part, loin des communautés rivales, parce que sa fonction ne s'inscrivait pas tant dans le jeu des vengeances réciproques que dans le rituel du sacrifice.

Staden parle du *paygi* comme d'un personnage spécialisé qui présidait à des rituels complexes et "curieux", dit-il. Ces *paygi* ne se confondent pas avec les guerriers.

Florestan Fernándes confirme :

« Parmi les individus qui occupaient ces positions, se distinguaient les *principaux* et les *pajé*. Concernant les principaux, il est possible de reconnaître quatre gradations de statut : celui de chef de maloca, celui de chef de bande guerrière, celui de chef de groupe local et celui de leader guerrier (de "confédérations" qui se composaient en règle générale de bandes guerrières de plusieurs groupes locaux solidaires). Le statut de *pajé* également n'était pas uniforme ; le contraste le plus grand s'établissait entre le chaman dont les pouvoirs le confinaient à la pratique des guérisseurs, et celui qui était qualifié comme *pajé-açú* qui disposait de la faculté de communiquer avec beaucoup d'esprits, d'inculquer des pouvoirs émanés de ces derniers à ses partisans, de *lancer la mort*, d'enchanter la chasse, de prévoir l'avenir, etc.[81] ».

---

81 Fernándes, *op. cit.*, p. 217.

Les *deux Paroles*, qui donc se traduiraient par des statuts différents, ont cependant toutes deux à charge d'organiser la société. Qualifiées souvent de "politique" et "religieuse", elles correspondent à deux modalités distinctes de la fonction symbolique, dont l'une a pour origine le "principe d'opposition" auquel Lévi-Strauss a consacré son attention[82].

De ce "principe d'opposition" provient la réciprocité proprement dite avec ses deux développements antagonistes : la *réciprocité positive* et la *réciprocité négative* (l'alliance et la vengeance). L'autre modalité, que nous voyons naître avec le sacrifice, procède à l'inverse de la précédente, elle a pour origine non plus le principe d'opposition mais un "principe d'union". Elle permet de rassembler le sacrifice du prisonnier – meurtre absolu – et l'offrande – don absolu – en un seul acte dit "religieux".

---

82 Le structuralisme a jusqu'à présent fait intervenir essentiellement une modalité de la fonction symbolique (le *principe d'opposition*), mais il devrait pouvoir déployer de nouvelles ressources d'interprétation à partir d'une seconde modalité, que l'on pressent à l'œuvre dans la parole dite "religieuse", et qui se fonde sur le *principe d'union*. Lire à ce sujet, de Dominique Temple, *Lévistraussique : La réciprocité et l'origine du sens* (1997), Collection *réciprocité,* n° 6, 2017.

O Tatú

"Duas Viagens ao Brasil" de Hans Staden (1557)

Conclusion

Les observations concernant l'anthropophagie chez les Guarani à différentes époques et en divers lieux mettent en évidence des événements courants qui ne peuvent leur être attribués exclusivement, ou à telle ou telle communauté ethnique, mais essentiellement à ce qu'est l'anthropophagie en soi.

L'anthropophagie ne se pratique pas pour elle-même mais est associée avec d'autres phénomènes. En effet, l'anthropophagie est toujours en rapport d'une part avec la vengeance, et plus précisément avec ce que nous avons appelé la *réciprocité négative*, et d'autre part avec la fête, c'est-à-dire l'extension et la perfection de la *réciprocité positive*.

La fête dont il est ici question est une fête particulière où la boisson fermentée, de maïs ou de manioc – le *kagüï* – est d'une extrême importance. De fait, de nombreux mythes des peuples d'Amazonie lient étroitement la boisson fermentée – la boisson qui enivre – non seulement avec l'allégresse qu'elle produit mais avec l'*invitation*. Cette boisson de liesse est ainsi devenue le signifiant privilégié de la *réciprocité des dons*.

Il y a des auteurs qui comparent ces fêtes avec celles des noces, soulignant, le cas échéant, le caractère de *réciprocité d'alliance* qu'elles signifient. Dans ce cas, la boisson est offerte en grande abondance, bien que sa valeur symbolique soit par ailleurs tout a fait manifeste, et qu'il suffirait pour en témoigner d'un simple geste. Le don de la boisson est un don matériel qui produit plaisir, joie, bonne humeur, confiance qui rapprochent les parents et les alliés ; c'est une fabrique d'amitié.

Les chroniqueurs et divers observateurs témoignent de façon répétitive que la consommation de chair humaine, l'anthropophagie, a lieu presque toujours quand les conditions sont réunies pour la préparation de grandes fêtes. La fête paraît être ainsi subordonnée au sacrifice des prisonniers, bien qu'un texte de Staden (comme nous le verrons) montre que ce sont les prisonniers qui sont destinés à donner à la fête son caractère et sa complétude.

De plus, les mêmes auteurs indiquent, qu'en général, il suffit de ne sacrifier qu'un seul prisonnier même pour une grande quantité d'invités et convives ; quand il n'y a pas suffisamment de morceaux ou de parts pour tous, on sert un bouillon de son corps ou encore on dissout les cendres du mort dans la boisson *kaguï* pour que la redistribution parvienne au plus grand nombre possible de participants, y compris à des amis ou alliés très éloignés, ce qui est un moyen d'établir des liens de paix. Comme on le voit, ce n'est pas le plaisir de manger de la chair humaine et encore moins de s'en rassasier, la raison de l'anthropophagie.

Les cendres servent au même effet parce qu'elles ont sans aucun doute une valeur symbolique : mélangées au *kaguï*, ce même *kaguï* est utilisé comme moyen pour assurer leur distribution à un grand nombre de gens. La fête, en plus de son rôle de créer l'amitié, sert à rassembler et lier la plus grande quantité de gens autour de soi en vue de la consumation d'une valeur constituée dans la réciprocité négative.

Le *kaguï* crée donc une valeur d'amitié en même temps qu'il sert de véhicule à la redistribution d'une autre valeur. Et puisqu'il existe "deux valeurs" qui procèdent de deux processus antagonistes, la valeur produite par le don à travers le *kaguï* et la valeur produite par la mort par vengeance, il est nécessaire de comprendre la connexion qui les associe et les unit à ce point dans la fête. La question est donc de savoir si ces valeurs peuvent fusionner ou bien si l'une est inféodée et subordonnée à l'autre, et dans ce cas laquelle à laquelle.

DE TROIS INTERPRÉTATIONS

1°/ Selon une première interprétation, la chair du prisonnier serait distribuée comme le manioc ou le gibier ou la boisson. Dans ce cas, même si elle avait une valeur symbolique, elle serait distribuée de manière aussi prosaïque que la viande de cerf des marais, de tapir ou de pécari. La redistribution serait destinée à produire l'amitié avec celui qui reçoit.

Chez les Guarani, et la même chose devait avoir lieu chez les Tupinamba, l'invitation engendrait une "obligation" du travail en commun. Les caciques ou principaux, et sous le nom de caciques les informateurs donnent à entendre qu'il s'agissait de grands donateurs capables de rassembler autour d'eux une quantité considérable de gens, utilisaient les fêtes de *kaguï* pour obtenir par réciprocité l'aide nécessaire à des travaux importants comme le défrichage d'une clairière dans la forêt ou la construction d'une grande maison communautaire.

Dans le même sens plaide le fait que la redistribution la plus ample possible de la chair du prisonnier établit une relation de solidarité qui éloigne au plus loin la frontière avec l'ennemi. Selon cette hypothèse, la guerre est subordonnée à la protection d'un territoire agricole d'autant plus important qu'à l'intérieur de celui-ci l'invitation et la fête du *kaguï* pouvaient se déployer largement, c'est-à-dire la réciprocité positive. Ainsi, on peut conclure que la valeur créée par la réciprocité négative est redistribuée au cours des fêtes de réciprocité positive guarani, et par là même intégrée dans l'économie du don.

2°/ L'anthropophagie, cependant, n'est pas seulement étroitement liée à la fête de la boisson, le *kaguï*, elle est simultanément associée à l'exécution sacrificielle du prisonnier. Parmi les traits soulignés par les commentateurs de l'anthropophagie ressort celui que la victime doit pouvoir être définie comme "ennemi" et non pas comme étranger ou extraordinaire ; celle-ci doit partager la même culture et doit être reconnue comme lui appartenant. Le plus souvent, c'est un voisin, un "proche". Si la future victime est le trophée d'un raid guerrier dans le territoire d'Indiens d'une autre culture, le prisonnier devra être adopté, inséré et comme enchâssé dans la culture du vainqueur, il doit être apprivoisé, humanisé *"avaizado"* (*Avá* = homme guarani).

Mais quelle que soit l'origine du prisonnier, proche ou lointain, son sort est étroitement intégré dans un cycle de vengeance dont les protagonistes sont connus et reconnus les uns des autres grâce à leur nom propre comme s'il existait une "parenté de vengeance", c'est cette parenté de vengeance qui a donné matière à spéculation sur la domination des Tupi dans l'histoire, mais, pour le moins, cette intégration à une nomenclature guerrière indique une communauté d'appartenance culturelle ou spirituelle ; ce qu'appuie également le fait que le prisonnier soit célébré autant sinon plus que son vainqueur, et qu'il soit honoré et paré de façon magnifique et solennelle. Cette dernière observation montre que le prisonnier n'est plus traité seulement comme ennemi mais qu'il reçoit un nouveau statut, statut que lui-même va revendiquer comme un honneur.

Un tel statut signifie un rapport avec la valeur symbolique que révèle la distribution de sa chair. Or, cette valeur, s'il la revendique, c'est parce qu'elle a été nécessairement créée auparavant ou moyennant sa mort mais dont il a préalablement connaissance. Cette valeur signifie une relation non pas au rite de l'anthropophagie elle-même mais à la réciprocité négative.

Cette seconde interprétation voudrait donc dire que c'est la réciprocité positive qui est utilisée au bénéfice de la réciprocité négative. La réciprocité positive serait un moyen pour convoquer tous ceux qui se reconnaissent par la réciprocité négative autour du mémorial de cette dernière. Tous ceux qui participent de la communauté et qui se disent "Hommes" grâce à la réciprocité négative participeraient d'une fête rituelle qui implique l'exécution du prisonnier et la participation de l'esprit de la vengeance résultant du sacrifice.

Cette union des guerriers autour du sacrifice, au lieu d'être destinée à éloigner la vengeance, serait destinée à la célébrer comme le principe commun qui permet aux hommes de se dire et se sentir hommes. Ce ne serait pas la réciprocité positive qui réunirait les guerriers dans le but de surmonter leur hostilité réciproque mais le *principe d'union* qui les conjoindrait pour que tous communient dans le même esprit de la vengeance. La réciprocité positive serait ainsi instrumentalisée, et dans ce cas subordonnée à la réciprocité négative.

Cette thèse a l'avantage de justifier l'impossibilité radicale (notée par de nombreux commentateurs et par Staden lui-même) que les missionnaires puissent concilier anthropophagie et christianisme. Les Tupi et les Guarani invitent à la communion autour d'un calice qui est celui de la réciprocité négative – la vengeance –, tandis que les chrétiens inversent la proposition : le sang du prisonnier versé en sacrifice est transformé en vie, le sang en boisson du salut dans le vin, et le corps en nourriture de vie dans le pain.

Les caciques entrevirent cette évolution – le triomphe de la réciprocité positive sur la réciprocité négative – et, en entrant dans les Missions et en acceptant d'être "réduits", ils renoncèrent presque immédiatement à l'anthropophagie[83]. La distinction dont parlait le Père Diego Torres Bollo est tout-à-fait pertinente :

> « Les baptisés ne consomment pas de chair humaine ; les autres la mangent, mais pas au titre de viande de boucherie, comme d'autres nations, mais au titre de la vengeance[84]. »

3°/ Selon une troisième interprétation, enfin, l'anthropophagie peut être le moyen d'une *conversion* de la réciprocité négative en réciprocité positive : la valeur créée par la réciprocité négative devient, lorsqu'elle est redistribuée, valeur de réciprocité positive, autrement dit elle se transforme en *puissance* de celle-ci : il y a *transfusion* de la valeur créée par la première en la valeur créée par la seconde.

Cette interprétation suppose que la valeur créée par l'une des deux *formes* de réciprocité soit la même que la valeur créée par l'autre, comme doit l'être le sang que l'on transfuse d'un corps à l'autre. Cette conversion aurait lieu en sens inverse

---

83 Cf. "La société guarani et les Réductions jésuites", dans Melià & Temple, *op. cit.*, chap. 3, pp. 189-215.
84 Cité dans Melià & Temple, *op. cit.*, p. 159.

chaque fois qu'une grande fête de *kaguï* est associée au sacrifice d'un prisonnier, et ce sacrifice avec la reconduction des cycles de vengeance.

C'est précisément ce que Hans Staden décrit chez les Tupinamba où c'est aux deux périodes de l'année les plus abondantes en vivres qu'ils décident de lancer leurs expéditions guerrières en vue de faire quelque prisonnier qui sera sacrifié pour la fête du *kaguï,* qui a lieu donc à l'époque de la maturité du maïs ou de la migration des poissons[85].

La fête autour du sacrifice ressemblerait à la fête et aux danses *tsantsa* des Jivaros durant lesquelles le guerrier qui danse avec ses femmes diffuse la puissance du *muisack* (l'esprit de la vengeance conservé dans la tête réduite *tsantsak* de l'ennemi) à la femme qui le ceint au niveau des reins. La femme, pour son compte, est chargée de la préparation de la bière de manioc *(masato)* qui est distribuée pour se faire des amis, c'est-à-dire la réciprocité positive. Ces fêtes sont les plus importantes de la vie des Jivaros[86].

---

85 « Il y a deux saisons où l'on doit principalement craindre les attaques des sauvages : l'une est au mois de novembre, parce que c'est alors que mûrissent certains fruits qu'ils nomment *abbati* [maïs], et qui leur servent à composer une boisson appelée *kaa wy* [...]. Il aiment à faire la guerre à cette époque, parce qu'à leur retour ils trouvent les *abbati* mûrs, et peuvent préparer le breuvage [...]. Ils l'aiment tant, qu'ils soupirent toute l'année après le moment où ces fruits seront mûrs. On doit aussi les redouter au mois d'août, car ils pêchent alors une espèce de poisson qui quitte la mer pour remonter dans les rivières. [...] Les sauvages choisissent volontiers ces époques pour leurs expéditions guerrières, parce qu'il leur est facile de se procurer des vivres. » Staden, (2003), *op. cit.*, p. 75.

86 Cf. Harner, *op. cit.*

Chez les Guarani, les parts de prisonniers ou leurs cendres sont les signifiants de cette force spirituelle, qui chez les Jivaros se convertirait en la puissance d'âme propre aux maîtresses des champs de manioc. Acquise par l'homme dans le cycle de la vengeance, cette force se transforme ainsi en la force spirituelle des donateurs, ou réciproquement, la force du donateur en force guerrière.

C'est cette troisième hypothèse qui fait de la réciprocité négative et de la réciprocité positive les deux piliers d'une construction dont la clef de voûte est le surnaturel. Pour que l'esprit engendré par la réciprocité puisse se délivrer de tout imaginaire et devienne purement surnaturel, il est nécessaire que la mort neutralise la vie ; c'est-à-dire que la réciprocité négative équilibre la réciprocité positive pour que leurs imaginaires respectifs s'annulent en se neutralisant l'un l'autre. Quand l'équilibre est obtenu, les chants et les danses qui accompagnent toujours ces sacrifices et fêtes peuvent manifester seuls l'émotion spirituelle qui surgit alors.

Plaident pour cette thèse la description de ces fêtes comme les plus solennelles, et le fait que le prisonnier soit célébré et orné de façon magnifique, en particulier avec les couronnes de plumes qui, si nous nous rapportons à certains textes mythiques des Guarani, sont les premiers insignes et les principaux ornements de la gloire de Dieu ou des esprits. Le prisonnier est un "adornado" – *jeguakáva* – ; et à la manière de Dieu, il est Dieu.

La réciprocité donne origine et naissance à une épreuve affective qui est pure révélation, comparable au sentiment de la grâce. Le premier signifiant possible d'une telle affectivité est donc ce qui supporte toute sensation quelle qu'elle soit : la chair. Le premier signifiant de l'affectivité de l'esprit, de l'affectivité qui se trouve au cœur de toute conscience humaine, est la chair. On comprend donc facilement pourquoi les Tupinamba et les Guarani célèbrent, font une célébration de leurs prisonniers et consomment leur chair : par la *chair* du prisonnier, ils communient avec la *chair* de l'esprit, et accèdent à la vie éternelle.

La communion dans le pur esprit, au-delà de l'alliance matrimoniale ou de la vengeance de sang, a pour signifiant premier la chair humaine. La communion de l'esprit a lieu, la vie de l'esprit se donne, par la relation de chacun avec le premier signifiant de l'être : la chair, c'est-à-dire la participation à la consommation du prisonnier. Le sacrifiant est même appelé père, qui consent au sacrifice du prisonnier dont il a fait qu'il soit fils. Père et fils sont ornés (*adornados*) de manière identique comme s'ils étaient des dieux parce qu'ils sont indissolublement unis dans l'acte même du sacrifice.

À cela nous devons ajouter que chaque sacrifiant sera à son tour sacrifié, et que chaque père sera un jour fils. Ainsi l'a aperçu Han Staden :

> « Celui qui va tuer le prisonnier dit "moi qui suis ici, je vais te tuer puisque les tiens ont également tué et mangé nombre de mes amis". Et le prisonnier lui répond : "Quand je serai mort, j'aurai alors de nombreux amis qui sauront me venger"[87]. »

Maintenant, nous pouvons comprendre l'enchaînement de ces deux propositions : premièrement, c'est pour lui une gloire d'être prisonnier ; et en second lieu, tous les hommes sont égaux devant Dieu et en Dieu. C'est pour cette raison que le chef guarani considérait comme l'honneur suprême de sa vie de la terminer comme prisonnier qui devait être sacrifié.

---

87 Staden, (1983), p. 216.

Le corps du prisonnier est un corps mystique, et le bouillon est un sang mystique. Les cendres signifient aussi le corps du prisonnier guarani, instance de l'esprit pur engendré par la réciprocité et distribué à toute la communauté. On pourrait presque comparer les cendres, gardées pour être envoyées à ceux qui sont au loin, à des hosties primitives. Car la nourriture anthropophagique devient une Pâque.

Le prisonnier guarani sait que son sacrifice permet la naissance de l'esprit divin – comme le Christ –, bien que ceux qui sacrifiaient le Christ ne savaient pas ce qu'ils faisaient alors que les sacrificateurs guarani, ou au moins certains d'entre eux, assumaient leur rôle de sacrificateurs avec la foi d'Abraham pour que du sacrifice naisse le sentiment de Dieu. Prisonniers et sacrificateurs communiaient dans l'essence même des esprits. Les esprits, eux aussi, communiaient. Dieu consommait la chair de ses fils.

Rappelons ce que Antonio Ruiz de Montoya[88] a pu saisir de ce moment :

> « Après avoir enterré le défunt, si l'on entend gronder le tonnerre dans le lointain, on dit que ce sont des fantômes qui se nourrissent des corps morts, et que donc ils se rassemblent pour consommer celui-ci[89]. »

Les théories fonctionnalistes qui expliquent ces choses non comme des moments fondateurs de l'histoire humaine mais comme des fonctions destinées à la préservation de ce qui est déjà établi par la vie – les espèces, les familles ou un je-ne-sais-quoi, vu que tout s'évanoui quand on cherche à définir à quoi seraient destinées ces fonctions – sont des théories

---

88 Antonio Ruiz de Montoya, *Conquista espiritual hecha por los religiosos de la Compañía de Jesús en las provincias de Paraguay, Paraná, Uruguay y Tape (1639-1892)*, Bilbao, nueva edición de 1989.
89 *Ibid.*, I, p. 274.

bien pauvres. Rien ne se crée, tout serait déterminé par les forces biologiques et les équilibres physiques... Les hommes seraient-ils si fous, si insensés qu'ils désireraient leur propre mort avec pour seul but et seul souci de conserver intacte leur appartenance à un groupe tribal biologique ? Devraient-ils inventer fêtes et cérémonies complexes pour une si faible motivation ? Et si la cohésion d'une horde primitive avait une telle force qu'elle puisse imposer la mort aux individus, à quelle force surhumaine faudrait-il en appeler pour s'en libérer ? Mais alors pourquoi cette force n'opèrerait-elle pas depuis le commencement et ne conduirait-elle pas l'homme à se libérer de la nature ?

En réalité, la réciprocité est la matrice des valeurs humaines, lesquelles ne sont pas seulement des affectivités passives, mais des principes moteurs. La vie de l'esprit ou des esprits mobilise la vie à son service – les forces biologiques ou physiques de la nature dans l'homme –. En ce sens, on peut dire que la vie naturelle est dominée par la vie spirituelle.

La vie spirituelle n'est pas une vie passive, résultant de contingences exceptionnelles ; c'est au contraire une vie "active" selon les lois précises qu'elle se donne pour se déployer, mais selon les principes qui dès l'origine lui donnent naissance et qui sont la réciprocité et le don. Certes, les valeurs produites par la réciprocité sont prisonnières en première instance du réel – meurtres et noces –, et ensuite de l'imaginaire – les esprits protecteurs ou ennemis qui obligent la réciprocité à se plier à ses conditions d'existence, et par conséquent à reproduire les rituels guerriers –. Cependant, l'effort humain ne peut faire moins que tenter partout et toujours de se libérer du réel et de l'imaginaire ; c'est-à-dire de se débarrasser des conditions primitives qui lui ont donné naissance.

Dieu nous donne sa propre chair

L'effort de l'esprit en l'homme est de libérer le symbolique de l'imaginaire, et ensuite de faire émerger la présence réelle de ce à quoi se réfère le symbolique lui-même.

Et c'est ici qu'apparaît sans doute une grande opposition entre les Guarani et les chrétiens. La finalité des uns et des autres est la même, mais la parole des prisonniers n'est pas la même ; le prisonnier que Staden entendit, reproduit avec ses commandements le même cycle : il ordonne et dit la loi : *tue ! et que je meure : on me vengera et tu mourras aussi.*

Mais le Christ est au-dessus de la Loi, même si celle-ci est le contraire de la précédente : *tu ne tueras pas et même pardonneras à ton ennemi.* Et cela parce qu'il se place à un niveau où tout imaginaire, duquel la Loi est encore l'expression, est dépassé. Lui-même se dit la Vie de l'esprit auquel le sacrifice conduit. Il est Dieu.

Le Christ est un prisonnier qui accepte de souffrir la mort, refuse de la fuir et la transforme en nourriture, disant : *prenez et mangez, ceci est mon corps.* Il revendique son sacrifice comme nécessaire et l'offre ensuite aux siens, le transformant en nourriture et en boisson. Antonio Ruiz de Montoya, avec une audace extraordinaire – sans doute du fait qu'il n'est pas tant parlant la langue guarani qu'il n'est parlé par elle – se risque à expliquer la communion en termes clairement anthropophagiques, sans craindre de prendre la chair dans son sens fort.

« *Che ro'o i'upyrete*, ma chair est véritable nourriture ;

Che ruguy itykykupyrete, mon sang est boisson (*Tesoro* : 405)

Tupã oñembopepy ñandéve, guo'o ho'uukávo,

Dieu nous invite au banquet de sa chair ; *(Tesoro* : 268v)[90]. »

Mais le pouvoir né de ce sacrifice n'est pas un pouvoir qui nécessite que l'on revienne aux conditions de son origine et de sa naissance, au contraire, il s'agit de détacher l'esprit de tout lien à ces conditions – qu'elles soient des alliances matrimoniales ou guerrières –, et de donner pour sujet de la parole l'esprit désormais délivré des contingences de la nature. Il faut dessaisir la vie de Dieu des ténèbres originaires. Et tandis que chez les Guarani et les Tupinamba, c'est la structure de réciprocité qui mobilise le réel pour engendrer le prisonnier, chez les chrétiens c'est le prisonnier lui-même qui parle, se donne et se redistribue comme Vérité.

Chez les Guarani, la divinité n'est pas assumée par un sujet qui se dit Dieu, elle n'est pas incarnée en un individu qui dit : *Je suis*…, à partir duquel énoncé Dieu est présent sans médiation d'aucune force naturelle – alliance ou mort ! – et sans l'aide d'aucun imaginaire, sinon par la seule efficience de sa parole. Le sacrement chrétien est celui de la présence réelle engendrée par le sacrifice du prisonnier et qui assume sa responsabilité divine.

En dépit de si profondes différences entre Guarani et Chrétiens, qui justifient certes leur radicale opposition, Jean de Léry fait erreur lorsqu'il s'adresse à une captive en lui disant de recommander son âme à Dieu, comme si elle ne savait rien de Dieu, alors qu'en réalité elle sait déjà que par sa

---

90 Antonio Ruiz de Montoya, *Tesoro de la lengua guaraní* [1639], Madrid, (ed. facsim. por Julio Platzmann, Leipzig, 1876), cité dans Melià & Temple, *op. cit.*, p. 163.

condition humaine elle participe de la condition divine. Et il se trompe aussi totalement lorsqu'il demande au Tupinamba de renoncer à l'anthropophagie en échange d'une guérison, puisque celui qui renonce à consommer la chair de l'homme ne pourra à son tour être sacrifié pour être dieu, et mourra de honte. L'offre qu'il fait à ce guerrier tupinamba que pour obtenir la guérison d'un mal physique il accepte de renoncer à la vie spirituelle est une sordide tentation digne d'un démon, tout comme celle du souverain pontife Caïphe au Christ : renoncer à être Dieu en échange de la vie terrestre.

Les Tupinamba désiraient finir leur vie comme prisonniers et être sacrifiés de la même manière que les premiers chrétiens désiraient finir la leur comme martyres. Cela était leur honneur et leur gloire. Durant leur vie, ils se réalisaient comme sacrificateurs, non en termes symboliques mais en termes réels, jusqu'au jour ou eux-mêmes étaient sacrifiés. La chair de l'esprit, ils la payaient de leur sang.

Extrait de Melià & Temple
El don, la venganza y otras formas de economía guaraní,
Asunción del Paraguay, 2004.

Traduit de l'espagnol par Dominique Temple.
(Notes et illustrations Hélène Temple).

O Tucán

Xilogravura de Frei André Thevet

BIBLIOGRAPHIE

ABBEVILLE Claude (de), *Histoire de la mission des pères Capucins en l'Isle de Maragnan et terres circonvoisines*, imp. François Huby, Paris, 1614.

BIOCCA Ettore, *Yanoama. Récit d'une femme brésilienne enlevée par les Indiens* (1965), Plon (1968), CNRS Éditions, Paris, 1972.

CADOGAN León, *Ayvú Rapyta. Textos míticos de los Mbyá-Guaraní del Guairá*, Univ. de São Paulo, Fac. de Fil., Cienc. e letras, Boletim 227, Antropología n° 5, São Paulo, 1959.

CARDIM Fernão, *Tratados da terra e gente do Brasil* [1939], 1ère éd. J. Leite & Cia, Rio de Janeiro, 1925 ; 2de Hedra, São Paulo, 2009.

EVREUX Yves (de), *Svitte de l'histoire des choses plvs memorables aduenuës en Maragnan, és annees 1613 & 1614*, impr. F. Huby, Paris, 1615.

FERNÁNDES Florestan, *A função social da guerra na sociedade tupinambá*, Editora da Universidade de São Paulo, Livraria Pioneira Editora, São Paulo, 1970.

HARNER Michaël J., *The Jivaro : People of the Sacred Waterfalls* [1972]. Trad. fr. *Les Jivaros. Hommes des cascades sacrées*, Payot, Paris, 1977.

LÉRY Jean (de), *Voyage fait en la terre du Brésil (1563-1578)*, éditions de Paris, 1957.

LUPASCO Stéphane, *Le principe d'antagonisme et la logique de l'énergie : Prolégomènes à une science de la contradiction*, Hermann, Coll. « Actualités scientifiques et industrielles », n° 1133, Paris, 1951 ; 2de édition Le Rocher, Coll. « L'esprit et la matière », Monaco, 1987.

MELIÀ Bartomeu, *El Guaraní conquistado y reducido. Ensayos de etnohistoria*, Universidad Católica, Biblioteca Paraguaya de Antropología, vol. 5, Asunción, (1986), 1993.

MELIÀ Bartomeu & Dominique Temple, *El don, la venganza y otras formas de economía guaraní*, Centro de Estudios Paraguayos "Antonio Guasch", Asunción del Paraguay, 2004.

MÉTRAUX Alfred, *Religions et magies indiennes d'Amérique du Sud*, Gallimard, Paris, 1967.

MONTOYA Antonio Ruiz (de), *Conquista espiritual hecha por los religiosos de la Compañía de Jesús en las provincias de Paraguay, Paraná, Uruguay y Tape (1639-1892)*, Bilbao, nueva edición de 1989.

MONTOYA Antonio Ruiz (de), *Tesoro de la lengua guaraní* [1639], Madrid, ed. facsim. por Julio Platzmann, Leipzig, 1876.

STADEN Hans, *Warhafftige Historia und Beschreibung einer Landtschafft der Wilden Nacketen, Grimmigen Menschfredder Leuthen in der Newen Welt America gelegen…* [1557]. Traduction en castillan : *Verdadera historia y descripción de un país de salvajes desnudos*, Argos Vergara, Biblioteca del Afil, Barcelona, 1983. Traduction française par Henri Ternaux Compans : *Nus, féroces et anthropophages*, éd. Métailié, Paris, (1979), 2005.

TEMPLE Dominique & Mireille Chabal, *La réciprocité et la naissance des valeurs humaines*, L'Harmattan, Paris, 1995.

TEMPLE Dominique, « Les trois origines de la réciprocité symétrique » (2006), en ligne sur le site de l'auteur.

TEMPLE Dominique, *La réciprocité de vengeance : Commentaire critique de quelques théories de la vengeance*, Collection *réciprocité*, n° 7, 2017. Publication en castillan dans *Teoría de la reciprocidad*, (3 vol.), éd. Padep-Gtz, La Paz, 2003.

TEMPLE Dominique, *Les deux Paroles*, Collection *réciprocité*, n° 3, 2017. Publication en castillan dans *Teoría de la reciprocidad*, Padep-Gtz, La Paz, 2003.

TEMPLE Dominique, *Lévistraussique : La réciprocité et l'origine du sens*, Collection *réciprocité*, n° 6, 2017. 1ère publication in *Transdisciplines, Revue d'épistémologie critique et d'anthropologie fondamentale*, L'Harmattan, Paris, avril 1997, pp. 9-42.

TEMPLE Dominique, *Le Quiproquo Historique* (1987), Collection *réciprocité*, n° 12, 2018.

TEMPLE Dominique, « Communauté et Réciprocité » (2000), en ligne sur le site de l'auteur. Publication en castillan « Comunidad y reciprocidad », in *Revista Iberoamericana de Autogestión y Acción comunal*, INAUCO, n° 35-36-37 (Segunda época), año XVIII, Madrid, otoño 2000, pp. 27-37. Lire également *Estructura comunitaria y reciprocidad*, éd. Hisbol-Chitakolla, La Paz, 1989.

THEVET André, *Le Brésil et les Brésiliens* [1575], (2 vol.), vol. I, 1 *La Cosmographie universelle*, 2 *Histoire d'André Thevet de deux Voyages* ; vol. II *Les Français en Amérique pendant la deuxième moitié du XVIe siècle*, P.U.F, Coll. « Les classiques de la colonisation », Paris, 1953.

THEVET André, *Les singularités de la France antarctique. Le Brésil des cannibales au XVIe siècle* [1556]. Choix de textes, introduction et notes de Frank Lestringant, éd. La Découverte Maspero, Paris, 1983.

VERDIER Raymond et al., *La vengeance. Études d'ethnologie, d'histoire et de philosophie*, (4 vol.), éd. Cujas, Paris, 1981-1986.

La plupart des articles de Dominique Temple sont disponibles en français et en castillan sur son site http://dominique.temple.free.fr/

Imprimé à la demande par Lulu.com
Dépôt légal décembre 2017

Illustration de couverture : *Forêt amazonienne, Madre de Dios, Pérou.*
(By Martin St-Amant)